Goldmann GELBE
Band 3348

Michail A. Scholochow · Geschichten vom Don

Zu diesem Buch

Die ›Geschichten vom Don‹ sind kraftvolle, meisterhafte Skizzen aus dem russischen Bürgerkrieg, dem erbarmungslosen Kampf zwischen »Weißen« und »Roten«. Mitten durch das Volk, durch Haus, Dorf und Familie ging der Riß, der Mann und Frau, Vater und Sohn, Bruder und Schwester voneinander trennte. Den farbenprächtigen Hintergrund der erregenden Episoden bildet die weite Steppenlandschaft des Don, die der Dichter mit eindringlicher Sprachgewalt zu schildern vermag. In der dramatischen Gestaltung menschlicher Schicksale kommt die ganze Größe und Tragik vom Untergang des Kosakentums zum Ausdruck.
Die acht Meistererzählungen dieses Bandes, die dem weltberühmt gewordenen Roman ›Der stille Don‹ vorausgingen, stellen einen frühen Beweis von Scholochows starkem erzählerischem Talent dar, für das er 1965 mit dem Nobelpreis ausgezeichnet wurde.

»Diese meist kurzen Geschichten weisen ihn als begabten Erzähler aus, der mit Geschick dramatische Effekte und tragische Situationen konstruiert und dessen Landschaftsschilderungen poetische Kraft zeigen.« Frankfurter Allgemeine Zeitung

»Scholochow steht mit beiden Reiterbeinen sicher in der russischen Erzählertradition ... Er ist ein Könner.« Christ und Welt

MICHAIL A. SCHOLOCHOW

Geschichten vom Don

WILHELM GOLDMANN VERLAG
MÜNCHEN

Aus dem Russischen übertragen von Ottomar Schwechheimer und Walter Richter-Ruhland. Der Titel des russischen Originals: Donskije Rasskazy

70411 · Made in Germany · II · 11120

Die Erstausgabe dieses Bandes erschien bereits unter der Nummer 2322 in der Reihe Goldmann GELBE. Umschlaggestaltung: Ilsegard Reiner. Umschlagfoto: Süddeutscher Verlag, München. Gesetzt aus der Linotype-Garamond-Antiqua.
Druck: Presse-Druck Augsburg. Verlagsnummer 3348 · HH/pet
ISBN 3-442-03348-9

Inhalt

Das Muttermal

Leere, nach Pulver stinkende Patronenhülsen, ein Hammelknochen, eine Feldkarte, eine Namensliste, ein Zaum mit Zierbeschlägen, der einen schwachen Pferdeschweißgeruch verbreitet, und ein Stück Brot – alles das liegt bunt durcheinander auf dem Tisch. Auf der glatten, von der Feuchtigkeit schimmelig gewordenen Bank, fest mit dem Rücken gegen das Fensterbrett gelehnt, sitzt Nikolka Koschewoi, der Schwadronskommandeur. Vor ihm auf alten, über den Tisch gelegten Plakaten ein halb ausgefüllter Fragebogen. Das rauhe Papier enthält nur dürftige Angaben: Koschewoi, Nikolai, Schwadronskommandeur, Landarbeiter, Mitglied des RKSM*.

Mühselig kritzelt der Bleistift in die dafür vorgesehene Spalte: Achtzehn Jahre.

Nikolka ist für sein Alter sehr breit in den Schultern. Die Runzeln in den Augenwinkeln und der Rücken krumm wie bei einem Greis, lassen ihn älter erscheinen als er ist.

»'n junger Dachs noch, 'ne grüne Binse«, sagen sie scherzend in der Schwadron, wenn von ihm die Rede ist. »Aber sucht euch mal einen, der es besser verstanden hätte, die Schwadron fast ohne Verluste durch die Gefechte und Scharmützel zu bringen und zwei Banden zu liquidieren! Der Bengel ist nicht schlechter als ein alter erfahrener Fuchs.«

Nikolka schämt sich seiner achtzehn Jahre. Sein Gesicht wird rot vor Ärger, als er die Spalte, in der das Alter anzugeben ist, ausfüllt, und der Bleistift kriecht immer langsamer über das Papier. Er ist, wie sein Vater, Kosak. Dunkel nur erinnert er sich noch, daß ihn der Vater, als er fünf oder sechs Jahre alt war, einmal auf einen Gaul setzte.

»Halt dich an der Mähne fest, Söhnchen!« hatte er ihm zugeru-

* Sowjetische Jugendorganisation

fen, und die Mutter, blaß werdend, hatte ihm von der Küchentür her zugelächelt und mit weiten Augen auf seine Beinchen geblickt, die am harten Pferderücken Halt suchten, während sie gleichzeitig den Vater, der die Zügel hielt, angesehen hatte. Das ist nun schon viele Jahre her. Nikolkas Vater ist im Weltkrieg verschollen, wie vom Erdboden verschwunden. Nie wieder ist etwas von ihm zu sehen oder zu hören gewesen. Die Mutter starb. Vom Vater stammt Nikolkas Liebe zu den Pferden und das tolle Draufgängertum. Auch das taubeneigroße Muttermal über dem Fußknöchel ist ein Erbteil von ihm. Kümmerlich hat sich Nikolka bis zu seinem fünfzehnten Lebensjahr als Tagelöhner durchgeschlagen. Eines Tages dann erbettelte er sich einen langschößigen Reitermantel und zog mit einem roten Regiment, das durch die Stanitza kam, fort.

Im Sommer jenes Jahres badete Nikolka einmal mit dem Kommissar im Don. Stotternd und mit dem Kopfe zuckend, weil er an einer Hirnverletzung litt, sagte der Kommissar, Nikolka einen Klaps auf den mageren, sonnengebräunten Rücken gebend:

»Du bist ... du bist ... ein Glückskind! Nu ja ... ein Glückskind. So'n Muttermal bringt Glück ... sagen die Leute.«

Nikolka fletschte die weißen Zähne, tauchte und rief, während er zu der gelben, vom Don umspülten Sandbank schwamm:

»Du spinnst ja, du Witzbold! Von Kind auf bin ich Waise, hab' mich die ganze Zeit als Knecht durchgeschlagen, und du ... Glückskind!«

Die Kate, in der Nikolka Quartier bezogen hat, steht am steilen Ufer des Don. Der Blick aus den Fenstern geht über die grünen, ausgedehnten Flußniederungen und das dunkle, stahlfarbene Band des Wassers. In stürmischen Nächten schlagen die Wellen unten gegen den Steilhang, die Fensterläden ächzen jämmerlich, und Nikolka hat das Gefühl, als dringe das Wasser unsichtbar durch die Dielung und rüttle immer heftiger an der Kate. Obwohl er beabsichtigt hatte, das Quartier zu wechseln, war er wohnen geblieben, und nun war es Herbst geworden. Unter seinen eisenbeschlagenen Stiefeln zerbrach ringsum die Stille, als er an einem schon kühlen Morgen aus der Kate trat. Er ging zum Kirschgarten und warf sich ins nasse Gras. Von dort hörte er, wie im Stall die Bäuerin der Kuh zuredete, ruhig zu stehen; ein Kalb brummte hungrig und dumpf, und dann erklang das Geräusch der Milchstrahlen, wenn sie beim Melken gegen die Eimerwandung spritzten.

Die Hoftür knarrte, und der Hund begann zu bellen. Die Stimme des Korporals:

»Ist der Kommandeur im Hause?«

Nikolka, sich auf die Ellbogen stützend, rief:

»Hier bin ich! Was gibt's?«

»Auf der Stanitza ist ein Bote eingetroffen. Er sagt, daß aus dem Saljsker Kreis eine Bande durchgebrochen ist und die Sowchose Gruschinskaja besetzt hat ...«

»Bring den Boten her!«

Der Bote zerrt seinen schweißnassen Gaul zum Stall. Mitten auf dem Hof bricht das Pferd in die Knie, sinkt zur Seite, röchelt kurz und stoßweise und krepiert mit einem Blick auf den Kettenhund, der an seinem rasenden Gebell beinahe erstickt. Krepiert, weil es der Bote wegen der drei auf dem Briefumschlag angebrachten Kreuze vierzig Werst gehetzt hat.

Nikolka liest den Brief des Vorsitzenden, der ihn anfleht, mit der Schwadron zu Hilfe zu kommen, geht in seine Stube, den Säbel schleifen lassend, und denkt abgespannt: ›Man müßte irgendwohin fahren können, müßte etwas lernen ... Und da ist nun wieder eine Bande ... Man muß sich ja vor dem Kommissar schämen – kein Wort kann man richtig schreiben und ist Kommandeur einer Schwadron ... Ist's denn aber meine Schuld, daß ich nicht bis zum Schluß in die Schule gehen konnte? ... Zu komische Menschen sind das ... Und nun wieder eine Bande, wieder Blut ... Ach, wie hab' ich dieses Leben satt ... Wie mich das alles anekelt ...‹

Er lud im Gehen seinen Karabiner, als er die Kate wieder verließ, und seine Gedanken stürmten wie Gäule auf ebener Straße davon: ›In die Stadt müßte man ... Lernen sollte man etwas ...‹

Als er auf dem Wege zum Stall an dem krepierten Pferd vorbeiging, warf er einen Blick auf den dunklen Blutstreifen, der aus den staubbedeckten Nüstern sickerte, und wandte sich ab.

Melde und Gras, mausgrau von Staub, überziehen den holprigen Sommerweg mit den vom Winde zernagten Wagenspuren. Dichtes Klettengewirr spreizt seine Blätter dem Licht entgegen. Irgendwann ist auf dem Wege einmal Heu zu den Tennen gefahren worden, die starr wie Bernstein in der Steppe liegen. Telegrafenmasten begleiten den harten, verkrusteten Weg, laufen über die herbstlichen Hügel in die trübe, weißdunstige Ferne, springen über Niederungen und Schluchten, und der Ataman mit seiner Gefolgschaft – eine halbe Hundertschaft mit dem Sowjetregime unzufriedener Kosaken vom Don und vom Kuban – jagt auf dem Wege den Masten nach. Drei Tage und drei Nächte schon hetzt der Ataman über die Wege und querfeldein über die Steppe wie ein Wolf, der in der Schafherde gehaust hat, von der Schwadron Nikolka Koschewois verfolgt.

Die Bande – gerissenes Volk, altgediente und erfahrene Leute. Dennoch – der Ataman wird immer ernster: er stellt sich in die Steigbügel, sucht mit den Augen die Steppe ab, schätzt die Entfernung bis zum blauenden Saum des Waldes, der sich jenseits des Don hinzieht.

Wie Wölfe traben sie dahin, auf ihren Spuren Nikolka Koschewois Trupp.

Schön ist der Sommer in den Steppen des Don, wenn vor der Ernte der Chor der Ähren sein helles, starkes Lied anstimmt, wenn dem körnigen Weizen der Grannenbart wie bei einem siebzehnjährigen Jungen dunkelt und wenn der Roggen in die Höhe strebt und größer als ein Mann zu werden beginnt. Die altväterischen Kosaken bauen den Roggen auf lehmigem Boden an, indem sie für die Aussaat mit Keilen Löcher in die Erde schlagen, oder sie säen ihn auf den sandigen Hügeln neben den Wiesen aus. Er gedeiht zwar von jeher an diesen Plätzen nicht gut, die Dessjatine bringt nicht mehr als dreißig Maß, aber sie bauen ihn trotzdem dort an, weil sich aus diesem Roggen ein Schnaps brennen läßt, der klarer als eine Mädchenträne fließt. Schon immer ist das so gewesen; Großväter und Urgroßväter haben getrunken, und wahrscheinlich zeigt das Wappen des Donheeres nicht ohne Grund einen betrunkenen Kosaken, der rittlings auf einem Schnapsfaß sitzt. Im Herbst gären die Siedlungen und Dörfer wie im Rausche, wie betrunken schaukeln die Kosakenpelzmützen mit ihren roten Tellern über die Staketen der Weidezäune.

So kommt es, daß der Ataman keinen Tag nüchtern ist und daß alle Fahrer und MG-Schützen betrunken auf den Tatschanken sitzen.

Sieben Jahre lang hat der Ataman seine heimatliche Hütte nicht mehr gesehen: Erst die Gefangenschaft in Deutschland, dann die Züge mit General Wrangel, das unter dem Sonnenlicht hinschmelzende Konstantinopel, das Stacheldrahtlager, die türkische Feluke mit ihren geteerten salzigen Flügeln, dann das Schilf des Kuban und – die Bande.

So ist es gewesen, das Leben des Atamans, wenn man es, wie über die Schulter blickend, betrachtet. Hart ist die Seele geworden, hart wie die Hufspuren der Ochsen unter der Glut des Sommers an den Steppentümpeln. Ein Schmerz, ein seltsamer und und unbegreiflicher Schmerz nagt im Innern des Atamans, dringt in jede Faser des Leibes, daß ihn ekelt. Er weiß: diesen Schmerz wird er nie vergessen können, kein Schnaps kann ihn auslöschen. Und er trinkt – keinen Tag ist er nüchtern; und duftend und süß blüht der Roggen in der Steppe des Don, die ihren schwarzerdigen Leib in der Sonne dehnt, und dunkelgesichtige Weiber brennen in den Stanitzen einen Schnaps, der von klarem Quellwasser nicht zu unterscheiden ist.

In der Morgendämmerung fiel der erste Reif. Silbriggrau behauchte er die breiten Blätter der Wasserrosen. Auf dem Mühlrad entdeckte Lukitsch dünne, wie Glimmer glitzernde Eisstückchen.

Schon in der Frühe fühlte sich Lukitsch nicht wohl: Stiche im

Kreuz, ein dumpfes Ziehen in den Beinen, die schwer wie Eisen waren und an der Erde zu kleben schienen. Mühsam schlurfte er durch die Mühle und vermochte seinen plumpen Leib kaum zu bewegen; die Knochen schienen sich vom Körper trennen zu wollen. Aus der Trockenkammer huscht ein Völkchen Mäuse. Mit wäßrigen Augen starrte Lukitsch ins Gebälk: Unter dem Dach saß eine Taube auf einem Querbalken und streute ihr geschäftiges Gurren nieder. Der Alte schnupperte und zog den zähen Modergeruch und den Duft gemahlenen Korns in die Nase, deren Löcher wie aus Lehm geformt aussahen, lauschte dem Geräusch des tückisch gurgelnden Wassers, das am Pfahlwerk sog und nagte, und kraulte nachdenklich seinen bastigen Bart.

Lukitsch ließ sich zwischen den Bienenstöcken nieder, um sich auszuruhen. Mit offenem Munde lag er unter seinem Pelz, den er quer über sich gezogen hatte; klebrig warmer Speichel troff aus den Mundwinkeln in den Bart. Die hereinbrechende Dämmerung löschte die Kate aus, und die Mühle versank in milchigen Nebelschleiern.

Als Lukitsch wach wurde, sah er zwei Reiter aus dem Wald herauskommen. Einer rief dem Alten, der zwischen den Bienenstöcken davonschlich, zu:

»He, komm mal her, Großvater!«

Lukitsch sah mißtrauisch auf, blieb stehen. In all den unruhigen Jahren ist ihm schon viel bewaffnetes Volk vor Augen gekommen, genau wie diese zwei, und alle nahmen sich Futter und Mehl, ohne zu fragen, und allesamt konnte er sie, wer immer sie auch waren, nicht ausstehen.

»Mach schneller, alter Kracher!«

Mit blutleeren Lippen lautlos vor sich hinmurmelnd, bewegte sich Lukitsch langsam vorwärts, blieb in einiger Entfernung von den Ankömmlingen stehen und musterte sie mit schrägen Blicken.

»Wir sind Rote, Großväterchen ... Brauchst keine Angst zu haben«, krächzte der Ataman friedfertig. »Wir sind hinter einer

Bande her und von unserm Trupp abgekommen. Hast du ihn gestern vielleicht hier vorbeireiten sehen?«

»Irgendwelche waren hier.«

»Wo sind sie hingeritten, Großväterchen?«

»Das soll der Teufel wissen.«

»Ist keiner bei dir in der Mühle geblieben?«

»Nee«, erwiderte Lukitsch unwirsch und wandte sich ab.

»Moment, Alter!«

Der Ataman sprang aus dem Sattel, wankte betrunken auf den krummen Beinen und fuhr mit seiner Schnapsstimme fort:

»Wir heben Kommunisten aus, Großväterchen. So verhält sich das nämlich richtig ... Wer aber wir sind, das geht dich 'nen Dreck an!«

Der Ataman stolperte und ließ die Zügel fahren.

»Los, für siebzig Gäule Futter her«, schrie er nun, »und Maul halten ... Sofort! Kapiert? Wo hast du das Getreide?«

»Hab nix!« erwiderte Lukitsch und sah zur Seite.

»Und in dem Speicher da – was ist da drin?«

»Gerümpel, verschiedenes ... Kein Getreide da!«

»Nun, komm mit!«

Der Ataman packte den Alten beim Genick und stieß ihn mit den Knien zu dem schiefen, halb in die Erde gesunkenen Speicher. Riß die Türe auf. In den Kästen – Hirse und dunkelbraune Gerste.

»Was ist das? Etwa kein Getreide, altes Rabenaas?«

»Korn, Väterchen ... Abmahlkorn ist's ... Hab's körnchenweise zusammengekratzt, und du willst's verfüttern ...«

»Wenn's nach dir ginge, dann könnten unsere Gäule vor Hunger verrecken, was? Was bist du überhaupt für einer, he? Steckst du etwa mit den Roten unter einer Decke, hast du Lust, dir den Tod einzuhandeln?«

»Erbarmen ... Wer bin ich denn schon ...«

Lukitsch hat die Mütze vom Kopf gerissen und sich auf die Knie geworfen, hascht nach den behaarten Händen des Atamans, küßt sie ...

»Gesteh: Hältst du's mit den Roten?«

»Hab' Erbarmen, Väterchen ... Verzeih mein dummes Gerede ... Ach, verzeih mir schon, tu mir nichts!« bettelte der Alte und umschlang die Beine des Atamans.

»Dann schwöre, daß du nichts mit den Roten zu tun hast ... Laß das Bekreuzigen, iß statt dessen lieber eine Handvoll Erde!«

Mit zahnlosem Munde kaut der Alte eine Handvoll Sand, netzt ihn mit Tränen.

»Nu, ich will dir glauben. Steh auf, Alter!«

Lachend sieht der Ataman zu, wie der Alte sich vergeblich bemüht, auf die schwachen Beine zu kommen. Der herangerittene Trupp holt das Getreide aus den Kästen, streut die golden schimmernde Flut über den ganzen Hof den Pferden vor die Hufe.

Hinter Nebelschleiern, in dunstiger Feuchte, geht die Sonne auf. Lukitsch hat den Posten umgangen und schleicht, den Weg meidend, auf Steinpfaden, die nur er allein kennt, durch Schluchten und durch den in vormorgendlichem Schlummer atmenden Wald zum Dorf. Plötzlich tauchen undeutliche Schatten von Reitern vor ihm auf.

»Wer da?«

»Ich bin's ...«, krächzt Lukitsch. Seine Beine werden schwach, fangen an zu zittern.

»Parole – Was treibst du dich hier herum?«

»Bin der Müller ... von der Wassermühle. Hab' was im Dorf zu erledigen.«

»Was zu erledigen? Marsch, vorwärts, zum Kommandeur! Geh voran!« fordert ihn einer der Reiter auf und drängt den Gaul dicht an Lukitsch heran.

Lukitsch spürt den warmen Pferdeatem im Nacken und hinkt auf das Dorf zu. Vor einer mit Ziegeln gedeckten Kate machen sie halt. Ächzend schwingt sich der Reiter aus dem Sattel, bindet das Pferd am Zaun an und geht mit klirrendem Säbel die Treppe hinauf.

»Komm!«

In den Fenstern schimmert Licht. Sie treten ein. Lukitsch muß wegen des dicken Tabakqualms in dem Raum, in den sie gelangen, niesen. Hastig nimmt er die Mütze ab und bekreuzigt sich gegen eine Zimmerdecke hin.

»Den Alten hier haben wir aufgegriffen. Wollte ins Dorf.« Nikolka nimmt den zerzausten Kopf vom Tisch hoch, fragt verschlafen, trotzdem aber scharf:

»Wo wolltest du hin?«

Lukitsch macht einen Schritt nach vorn und schluchzt vor Freude.

»Väterchen, Lieber ... Ihr seid welche von uns, und ich hab' schon gedacht – wieder Feinde ... Hab' vor lauter Angst nicht zu fragen gewagt ... Bin der Müller ... Hab' dir doch Milch gegeben, als ihr durch den Mitrochinwald geritten kamt und bei mir eingekehrt seid ... Weißt du denn das nicht mehr?«

»Nu, was gibt's?«

»Grade das wollte ich dir ja berichten, Väterchen ... Gestern gegen Abend ist eine Bande gekommen, hat mein ganzes Getreide den Gäulen zu fressen gegeben. Haben mich beschimpft ... Der Anführer sagte: ›Schwöre, daß du zu uns gehörst!‹ und ließ mich Erde kauen.«

»Und wo sind sie jetzt?«

»Sind noch da. Haben Schnaps bei sich, saufen in meiner Stube, die Teufel, und ich bin hergeschlichen, Euer Gnaden das zu melden, und vielleicht könnt ihr mir zu meinem Recht verhelfen ...«

»Sag Bescheid, daß gesattelt wird ...!«

Nikolka steht von der Bank auf, lächelt dem Alten zu und zerrt nervös an seinen Mantelärmeln.

Es war Tag geworden.

Nikolka, von schlaflosen Nächten grün im Gesicht, ritt zu der Tatschanka mit dem Maschinengewehr.

»Wenn wir angreifen, haltet auf den rechten Flügel! Wir müssen in die Flanke einbrechen!«

Er sprengte zur Schwadron zurück.

Hinter den verkrüppelten Erlen an der Straße tauchten Reiter auf, die zu viert in einer Reihe ritten, die Tatschanken in der Mitte.

»Galopp!« schrie Nikolka und gab, als er hinter sich das Donnern der Hufe vernahm, seinem Hengst die Pljotka.

Am Waldrand begann ein Maschinengewehr zu rattern. Die Reiter schwärmten wie im Manöver aus.

Oben auf dem Hügel trat ein Wolf, dem Kletten im Pelz hingen, aus dem Windbruch. Witternd streckte er den Kopf vor und blieb stehen. Gewehrfeuer prasselte in der Nähe. Vielstimmiges Geschrei wogte langgezogen hin und her.

Tuck! Im Erlenwäldchen fiel ein einzelner Schuß. Hinter dem Hügel antwortete das Echo: Tack!

Und dann in dichter Folge: Tucktucktuck! Und hinter dem Hügel: Tacktacktack!

Der Wolf verhielt ein Weilchen und zog dann gelassen zu seinem Lager im vergilbten, ungemähten Binsengestrüpp ...

»Durchhalten! Nicht von den Tatschanken weg! Zum Waldrand ... zum Waldrand, verdammt noch mal!« schrie der Ataman und stellte sich in die Steigbügel.

Bei den Tatschanken aber waren die Fahrer und MG-Schützen schon durcheinandergeraten und kappten die Stränge. Die Schützenkette, vom anhaltenden MG-Feuer zersprengt, stob in unaufhaltsamer Flucht davon. Der Ataman riß seinen Gaul herum und sieht einen Reiter mit geschwungenem Säbel in voller Karriere auf sich zufliegen. An der Burka und am Feldstecher, der dem anderen vor der Brust hängt, erkennt er, daß er keinen einfachen Rotarmisten vor sich hat, und strafft die Zügel. Von weitem schon blickt er in ein junges, bartloses, wutverzerrtes Gesicht.

Das Pferd des Atamans tänzelte, stieg hoch. Die Pistole aus dem Gürtel reißend, schrie der Ataman:

»Milchbärtiger Hundesohn! Fuchtle nur herum – ich werd' dir schon eins ...«

Der Ataman zielte auf die heranfliegende schwarze Burka. Das Pferd machte noch ein paar Sprünge und brach zusammen. Nikolka warf die Burka ab und rannte schießend auf den Ataman zu.

Hinter dem Wäldchen heulte jemand wie ein Tier auf und verstummte jäh. Die Sonne verkroch sich in einer Wolke, und auf die Steppe, den Weg und über den vom Herbstwind entblätterten Wald fielen schimmernde Schatten.

›Ein ungezähmter Gaul noch, ein hitziger ... ein blutjunger Hundesohn ... ins Gras sollst du mir beißen ...‹, dachte abgerissen der Ataman, paßte den Augenblick ab, in dem der andere wieder laden mußte, ließ die Zügel fahren und stieß wie ein Habicht auf ihn nieder.

Weit aus dem Sattel hängend, schwang er seinen Säbel und spürte, wie der Leib des Gegners unter dem Hieb nachgab und kraftlos zusammensackte. Der Ataman sprang vom Pferd, riß den Feldstecher an sich, blickte auf die im Todeskampf zuckenden Füße, sah sich um und beugte sich nieder, um sich in den Besitz der Chromlederstiefel seines Gegners zu bringen. Mit einem Fuß gegen dessen knirschendes Knie tretend, zog er schnell und geschickt einen Stiefel herunter. Der andere jedoch saß fest; wahrscheinlich lag es am Strumpf. Unter wilden Verwünschungen zog und zerrte der Ataman, riß schließlich den Stiefel mitsamt Strumpf herunter, und dabei entdeckte er das taubeneigroße Muttermal über dem Knöchel seines Gegners.

Vorsichtig, als wolle er den Toten nicht wieder ins Leben zurückrufen, kehrte der Ataman das Gesicht seines Opfers nach oben. Seine Hände färbten sich rot von dem Blut, das aus dem Munde quoll. Nachdem er das Gesicht betrachtet hatte, umschlang er die eckigen Schultern des Toten und brach in dumpfes Stöhnen aus.

»Mein Junge! Nikoluschka! Söhnchen, liebes! Mein eigen Blut ...«

Dann, zorndunkel im Gesicht, schrie er auf:

»So sag' doch ein Wort! Sag', warum das?«

Der Ataman warf sich nieder, hob die blutverschmierten Lider des Toten, blickte in die erloschenen Augen, schüttelte den leblosen, schlaffen Leib ... Nikolka aber hatte die Zähne fest in die bläuliche Zungenspitze gepreßt, als habe er befürchtet, daß er etwas ungeheuer Wichtiges und Großes verraten könnte.

Der Ataman küßte die Hände des Sohnes und hob sie an seine Brust, schob den Pistolenlauf, dessen Stahl vom Atem anlief, in den Mund und drückte ab ...

Als am Abend eine Reiterschar hinter dem Wäldchen hervorritt und der Wind die Stimmen, das Schnauben der Pferde und das Klirren der Steigbügel herübertrug, erhob sich vom zerzausten Kopf des Atamans träge ein Geier, stieg in die Höhe und verlor sich im Grau des herbstlich fahlen Himmels.

Das Fohlen

Mitten am hellichten Tage, neben dem von smaragdgrünen Fliegen dicht umschwirrten Dunghaufen, befreite es sich mit gestreckten Vorderbeinen und mit dem Kopf voran aus dem Mutterleib und blickte in das dünne, bläuliche Wölkchen eines gerade explodierenden Schrapnells. Das Krachen schleuderte sein feuchtes Körperchen zwischen die Hufe der Mutter. Schreck war das erste, was es in dieser Welt erlebte.

Stinkender Kartätschenhagel prasselte auf die Dachpfannen, streute Splitter auf die Erde und ließ die Mutter des Fohlens – Trofims rotbraune Stute – auf die Beine springen. Wiehernd drängte sie sich mit schweißnasser Flanke an den Schutz bietenden Dunghaufen.

Danach, in der hitzeglühenden Stille, war deutlich das Summen der Fliegen zu hören. Der Hahn, der wegen des Artilleriefeuers nicht auf den Staketenzaun zu fliegen wagte, schlug irgendwo unter dem schattigen Dach der Klettenblätter ein paarmal mit den Flügeln und begann lauthals zu krähen. Das Blätterdickicht dämpfte seine helle Stimme. In der Kate wimmerte ein verwundeter MG-Schütze, der hin und wieder einen gellenden Schrei ausstieß und zwischendurch unflätige Flüche von sich gab. Bienen summten um das seidige Rot des Klatschmohns im Vorgarten. Auf der Wiese hinter der Stanitza war der Patronengurt eines Maschinengewehrs leergeschossen, das helle Geknatter setzte aus, und in der Pause zwischen den Abschüssen zweier Geschütze leckte die Stute ihrem Erstling liebevoll das Fell, während er an ihrem vollen Euter saugte und zum erstenmal die Fülle des Daseins und die immergleiche Süße der mütterlichen Liebkosung genoß.

Als das zweite Geschoß hinter der Tenne krepierte, trat Trofim, die Tür ins Schloß werfend, aus der Kate und wollte zum Stall gehen. Er bog um den Dunghaufen, die Hand über den Augen zum

Schutz vor der Sonne, und entdeckte seine rotbraune Stute mit dem saugenden, vor Eifer zitternden Fohlen. Verwirrt und sprachlos fingerte er in den Taschen nach seinem Tabaksbeutel und fand erst wieder Worte, als er das Zigarettenpapier angefeuchtet hatte.

»Sosoo ... Also gefohlt hast du ... Na, da hast du dir ja den richtigen Augenblick ausgesucht ... Das kann man wohl sagen ...«

Bitterkeit lag in seinen Worten.

An den getrockneten und durch den Schweiß struppig gewordenen Flanken der Stute klebte dürrer Mist. Sie sah erschreckend mager und abstoßend häßlich aus. In ihren Augen aber glänzte trotz der Erschöpfung stolze Freude, und die samtweiche Oberlippe kräuselte ein Lächeln – so kam es Trofim jedenfalls vor.

Nachdem Trofim die Stute in den Stall geführt und ihr den Futtersack umgehängt hatte, schnaubte sie zufrieden. Trofim lehnte sich an einen Pfosten, musterte das Fohlen geringschätzig und murmelte:

»Da hast du dir ja was Feines angelacht ...«

Weil er auf eine Antwort nicht zu warten brauchte, fuhr er fort:

»Wenn's wenigstens noch 'ne Ähnlichkeit mit Ignats Hengst hätte! So aber ... Weiß der Teufel, 's sieht nach sonst was aus ... Was soll ich damit anfangen?«

In der dämmrigen Stille ist das Knirschen und Mahlen des Pferdegebisses beim Fressen zu hören. Golden tanzt der Staub in dem schrägen Sonnenstrahl, der durch den Türspalt fällt. Das Licht streift Trofims Wange, sein rostroter Schnurrbart und die Stoppeln im Gesicht leuchten feurig auf, die Falten um den Mund vertiefen sich zu dunklen, gebogenen Furchen. Das Fohlen steht, wie aus Holz geschnitzt, auf dünnen, wackeligen Beinchen da.

»Umlegen?«

Der große, nikotinbraune Zeigefinger Trofims deutet auf das Fohlen, krümmt sich wie um den Pistolenabzug.

Die Stute rollt die von roten Äderchen durchzogenen Augäpfel, blinzelt und blickt spöttisch zu ihrem Herrn hinüber.

*

Am Abend dieses Tages fand in der Stube des Schwadronskommandeurs folgendes Gespräch statt:

»... und seit einiger Zeit merk' ich, daß die Stute immer langsamer wird, kaum daß sie mal trabt – an Galopp gar nicht zu denken, so kurzatmig ist sie geworden ... Ich guck' sie mir genauer an und seh' – sie ist trächtig ... Hab' aufgepaßt und aufgepaßt ... 's ist 'n braunes Hengstfohlen ...«

Der Schwadronskommandeur preßt die Faust um einen kupfernen Becher mit Tee wie um den Griff seines Säbels beim Gefecht, sieht schläfrig ins Lampenlicht. Um die gelbliche Flamme taumeln samtene Nachtfalter, die in Scharen durch das offene Fenster hereinkommen, versengen sich die Flügel am heißen Lampenzylinder.

»... aber egal – braun oder schwarz, ganz egal ... Ich sag': Umlegen! Wir mit 'nem Fohlen – die reinste Zigeunerhorde!«

»Wa-as? Ach so, ja. Nu, das ist's ja, was ich sage: Wie die Zigeuner. Und wenn der Alte mal zur Besichtigung erscheint – was dann? Besichtigt das Regiment, und das Fohlen hopst mit hochgestelltem Schweif vor der Front rum, wie? 'ne Schande für die ganze rote Armee! Ich kapier' einfach nicht, Trofim, wie dir das passieren konnte. Mitten im Bürgerkrieg und dann so 'ne Schlamperei ... 'n Skandal, sag' ich. Sofort strengster Befehl für alle Pferdeburschen: Die Hengste sind gesondert zu halten!«

Am andern Morgen trat Trofim mit dem Gewehr aus der Kate. Das Gras funkelte rötlich von Tau. Die Wiese, von den Stiefeln der Infanteristen zertrampelt und von Schützengräben durchzogen, sah wie das verheulte, vor lauter Liebeskummer häßlich gewordene Gesicht eines Mädchens aus. An der Feldküche hantierten schon die Köche. Der Schwadronskommandeur saß in seinem von Schweiß zermürbten Unterhemd auf den Stufen der Kate. Seine Finger, gewohnt, am kühlen Pistolengriff zu liegen, suchten sich einer längst vergessenen Beschäftigung zu erinnern – sie flochten einen Weidenlöffel, einen jener Löffel, die beim Backen und Herausnehmen von Quarkpiroggen benutzt werden. Trofim sagte im Vorbeigehen: »Sie flechten einen Piroggenlöffel?«

Der Schwadronskommandeur, der gerade ein dünnes Reis um den Stiel wand, murmelte zwischen den Zähnen hervor:

»Meine Frau bettelt und bettelt: Mach mir doch einen ... Früher konnte ich das gut, jetzt gelingt's mir nicht mehr ... Ist nicht schön geworden, das Ding.«

»Nu, ist doch ganz hübsch ...«, sagte Trofim anerkennend.

Der Schwadronskommandeur strich die Weidenreste von den Knien, fragte:

»Gehst du das Fohlen erledigen?«

Trofim winkte stumm mit der Hand und verschwand im Stall. Der Schwadronskommandeur hielt den Kopf gesenkt, wartete auf den Schuß. Eine Minute, zwei Minuten vergehen – kein Schuß. Trofim bog in offensichtlicher Verlegenheit um die Stallecke.

»Nu, was ist?«

»Ich glaub, der Schlagbolzen funktioniert nicht ... trifft nicht das Zündhütchen ...«

»Gib die Knarre mal her!«

Unwirsch reichte ihm Trofim das Gewehr. Der Schwadronskommandeur legte das Gewehr neben sich und drehte das Löffelchen eine Weile zwischen den Fingern hin und her. Die jungen, noch klebrigen Flechtreiser dufteten süß wie Honig. Ringsum Erdgeruch, Duft blühender Weiden, alles mahnt an die Arbeit, die unter der Kriegsfackel in Vergessenheit geraten ist.

»Hör zu! ... Hol's der Teufel ... Meinethalben laß es leben. Vorläufig erst mal ... Ist der Krieg aus, kann man's vielleicht zum Pflügen brauchen ... Und der Alte wird 'n Einsehen haben ... 's ist eben 'n Fohlen und braucht Muttermilch. Und der Alte hat ja auch mal an der Brust gelegen, wir auch, so ist das halt ... Übrigens – der Schlagbolzen ist in Ordnung.«

Ungefähr einen Monat später stieß die Schwadron bei der Stanitza Ustj-Chopjorskaja auf eine Hundertschaft Kosaken. Das Geplänkel begann schon vor dem Hellwerden. Bei Tagesanbruch kam es zum offenen Gefecht. Trofim war weit hinter seinem Zuge zurückgeblieben. Weder die Pljotka noch die Kandare, die ihr das Maul blutig riß, brachten die Stute in Galopp. Den Kopf hochgeworfen, wieherte sie laut und tänzelte so lange auf der Stelle, bis das Fohlen sie eingeholt hatte. Trofim schwang sich aus dem Sattel, stieß den Säbel in die Scheide und riß wütend das Gewehr vom Rücken. Die rechte Flanke seines Zuges war mit den Weißen schon handgemein geworden. Wie ein Ährenfeld im Winde wogte nahe bei einer Schlucht ein kämpfender Reiterhaufe in verbissenem Schweigen auf und ab. Dumpf dröhnte die Erde unter den Pferdehufen. Trofim sah einen Augenblick lang hinüber und legte das Gewehr auf den edelgeformten Kopf des Fohlens an. Ob es an der vor Wut zitternden Hand lag oder ob etwas anderes schuld war – der Schuß ging fehl, und das Fohlen, übermütig ausschlagend, wirbelte mit den Hufen grauen Staub auf, galoppierte in weitem Bogen davon und blieb dann stehen. Ohne das rotbraune Teufelchen zu treffen, verfeuerte Trofim einen ganzen Ladestreifen Mantelgeschosse, an den seine Hand unter den gewöhnlichen Patronen im Beutel geraten war, und als er sich überzeugen mußte, daß die kupfernen Panzerkugeln dem Abkömmling seiner Stute weder den Tod gebracht noch geschadet hatten, sprang er mit wilden Verwünschungen wieder in den Sattel und ritt im Trab mitten in das Getümmel hinein, wo die langbärtigen Kosaken den Schwadronskommandeur und drei Rotarmisten zum Abgrund drängten.

In der folgenden Nacht lagerte die Schwadron in einer Steppensenke. Es wurde nur wenig geraucht. Die Pferde blieben gesattelt. Ein Spähtrupp, der vom Don zurückkam, meldete, daß an der Furt starke feindliche Kräfte zusammengezogen würden. Trofim, dessen nackte Füße unter einer Gummiplane steckten, lag auf der blanken Erde und ließ im Halbschlummer die Geschehnisse des vergangenen Tages vor seinen Augen vorüberziehen. In seinen Gedanken geriet alles durcheinander: Der Schwadronskommandeur, den Abhang hinunterspringend; pockennarbige Kosaken, die auf den Kommissar einhieben; ein toter, von Säbeltreffern verstümmelter Kosak; ein Sattel, schwarz von Blut; das Fohlen . . .

Kurz vor Tagesanbruch kam der Schwadronskommandeur zu Trofim und setzte sich im Dunkeln zu ihm.

»Schläfst du, Trofim?«

»Nee, ich döse bloß.«

Den Blick auf die verblassenden Sterne gerichtet, sagte der Schwadronskommandeur:

»Mach Schluß mit dem Fohlen! 's bringt uns im Einsatz nur durcheinander ... Wenn ich's sehe, zittern mir die Hände, kann nicht richtig dreinhaun. Und warum? Weil's einen zu sehr ans Zuhause erinnert. So was taugt nichts im Kriege ... 's Herz wird einem weich wie 'n Schwamm ... Dem verdammten Biest ist übrigens nix passiert, war mitten im Schlamassel drin ...«

Er verstummte und lächelte versonnen vor sich hin, was Trofim jedoch nicht sehen konnte.

Mit großer Geschwindigkeit schießt der Don bei dem alten Kloster, wo er auf einen Berg stößt, dahin. Das Wasser schäumt in der Biegung hoch auf, und die grünlichen Wellenkämme klatschen wild über die kreidigen Felsbrocken, die im Frühjahr niedergebrochen sind. Hätten die Kosaken das Ufer unterhalb des Stromknies, wo die Flut schwächer wird und der Don wieder breiter und friedlicher dahinströmt, nicht besetzt gehabt und hätten sie von dort aus nicht den Berg unter Feuer gehalten, wäre es dem Schwadronskommandeur nie eingefallen, mit seiner Truppe bei dem Kloster über den Strom zu setzen.

Das Übersetzen begann um die Mittagszeit. Eine kleine Fähre nahm jedesmal eine Tatschanka und ein Maschinengewehr, drei Pferde und die Bedienungsmannschaft auf. Als die Fähre mitten auf dem Fluß gegen den Strom drehte und sich leicht überlegte, scheute das linke Beipferd, das noch keinen Übergang mitgemacht hatte. Sein erschrockenes Wiehern und das Poltern seiner eisenbeschlagenen Hufe auf dem Fährboden waren bis zum Berg zu hören.

»Wird die Fähre noch zum Kentern bringen«, sagte Trofim finster und legte die Hand auf den Rücken seiner schweißnassen Stute.

Das Beipferd auf der Fähre wieherte wie verrückt, schob sich im Gespann zurück und stieg hoch.

»Erschießen!« brüllte der Schwadronskommandeur, der nervös seine Pljotka in den Händen zusammendrehte.

Trofim sah, daß sich der MG-Schütze an den Hals des Pferdes hängte und ihm den Pistolenlauf ins Ohr setzte. Der Schuß – wie aus einer Spielzeugpistole abgefeuert. Die beiden anderen Pferde drängten sich eng aneinander. Der MG-Schütze erkannte die Gefahr, in der sich die Fähre befand, und stemmte das erschossene Pferd gegen die Tatschanka; langsam sackten dessen Vorderbeine zusammen, der Schädel hing vornüber ...

Zehn Minuten danach ritt der Schwadronskommandeur von der Sandbank aus ins Wasser und ließ seinen Falben schwimmen. Die Schwadron – einhundertundacht halbnackte Reiter und ebenso viele Pferde – folgte ihm mit Getöse. Die Sättel wurden auf drei Booten zum anderen Ufer hinübergerudert. Einen dieser Kähne steuerte Trofim, der seine Stute dem Zugführer Netschepurenko anvertraut hatte. Von der Strommitte aus sah Trofim, daß die vorderen Pferde, nachdem sie ins Wasser gewatet waren, zu saufen begannen. Die Reiter trieben sie mit gedämpfter Stimme an. Nun bewegten sich die dunklen Pferdeköpfe, zwanzig Faden vom Ufer entfernt, über das Wasser vorwärts. Vielstimmiges Schnaufen scholl herüber. Die Reiter hielten mit einer Hand ihre gebündelten Kleider, die Patronenbeutel und die Gewehre überm Kopf und klammerten sich mit der andern an die Pferdemähnen.

Trofim zog die Ruder ein und hielt, aufrecht stehend, in dem Haufen der schwimmenden Pferde Ausschau nach seiner Stute. Die Schwadron glich einer von Gewehrschüssen auseinandergescheuchten Schar von Wildgänsen. Der Falbe des Schwadronskommandeurs lag an der Spitze; dicht hinter ihm waren die silbrig schimmernden Ohren des Gauls, der dem Kommissar gehört hatte, zu erkennen; dann folgte die Vielzahl der übrigen Pferde. Seitab, von Sekunde zu Sekunde weiter zurückbleibend, nahm Trofim den langhaarigen Schopf des Zugführers Netschepurenko und links neben ihm die Ohren seiner Stute wahr. Nur mit Mühe entdeckte er auch das Fohlen. Es bewegte sich ruckartig vorwärts, wurde bald hoch emporgehoben und bald so tief eingetaucht, daß gerade noch das Maul über Wasser blieb. Als plötzlich eine schwache Brise über den Fluß wehte, vernahm Trofim ein hauchdünnes, klagendes Wiehern. Hell und scharf, wie eine Degenklinge, schnitt das Wiehern Trofim ins Herz. Und da geschah etwas Seltsames mit dem Manne: Fünf Jahre hat er im Dreck gelegen, mehr als einmal hat er dem Tod so dicht wie einem Mädchen ins Auge gesehen, und alles das hat ihn kalt gelassen – jetzt aber verfärbte sich sein Gesicht unter den rostroten Bartstoppeln und wurde aschgrau. Er riß die Ruder hoch, stieß das Boot gegen die Strömung herum und hielt auf das erschöpfte Fohlen zu, das sich in den Strudeln um sich selbst drehte. Vergeblich suchte Netschepurenko die Stute zurückzuhalten, die, mit schrillem Wiehern, ebenfalls auf das Fohlen zustrebte. Stjoschka Jefremow, ein Freund Trofims, der auf einem Haufen Sättel hockte, fuhr seinen Genossen hart an: »Mach keinen Blödsinn! Los, zum Ufer rüber! Da – da sind sie ja schon, die Kosaken . . .«

»Abknallen!« knirschte Trofim und griff zum Karabiner. Das Fohlen war von der Stelle, an der die Schwadron ins Wasser gegangen war, weit abgetrieben worden. Von grünen Wellenkämmen überflogen, tauchte es in den Strudeln nieder. Trofim ruderte verzweifelt. Das Boot schoß ruckweise vorwärts. Aus einer Schlucht am rechten Ufer brachen Kosaken hervor. Maschinengewehrknattern setzte ein. Zischend fuhren die Kugeln ins Wasser. Ein Offizier der Weißen in zerfetzter Feldbluse schrie irgend etwas und fuchtelte mit der Pistole in der Luft herum.

Das Fohlen wieherte nur noch in immer längeren Abständen, der herzzerreißende Ton klang immer kläglicher und glich mehr und mehr dem Wimmern eines kleinen Kindes. Netschepurenko ließ die Stute los und schwamm schleunigst zum linken Ufer.

Von Entsetzen geschüttelt, hob Trofim den Karabiner und zielte auf das zwischen den Strudeln auftauchende Köpfchen, drückte ab, riß die Stiefel von den Füßen und warf sich mit erstickendem Aufschrei ins Wasser.

»Feuer einstellen!« schrie der Offizier in der zerfetzten Feldbluse.

Fünf Minuten später war Trofim bei dem Fohlen. Den Leib mit einem Arm umfassend, kämpfte er sich keuchend und Wasser schluckend zum Ufer. Auf der anderen Seite fiel währenddessen kein einziger Schuß. Der Himmel, der Wald, der Sand – seegrün alles, geisterhaft. Eine letzte, schier unmenschliche Anstrengung – die Füße scharren über Sand.

Trofim schleifte den nassen Leib des Fohlens hinter sich her ans Ufer, spie grünliches Wasser, zog sich mit den Händen über den Sand, Tränen standen in seinen Augen ... Im Walde die Geräusche der Schwadron, irgendwo hinter dem Donbogen Geschützdonner. Die rotbraune Stute stand an Trofims Seite, schüttelte sich und beleckte das Fohlen. Glitzernd tropfte das Wasser aus ihrem steif herabhängenden Schweif in den Sand.

Taumelnd richtete sich Trofim auf, machte zwei Schritte, und dann – ein Satz in die Luft ... Wie vom Blitz getroffen, stürzte er seitwärts nieder. Ein einzelner Schuß vom rechten Ufer in den Rücken.

Der Offizier in der zerfetzten Feldbluse riß gelassen den Verschluß seines Karabiners auf, eine rauchende Patronenhülse fiel zu Boden.

Zwei Armlängen von seinem Fohlen entfernt, krümmte sich Trofim im Sande. Seine harten Lippen, seit fünf Jahren von keinem Kindermund mehr berührt, liefen blau an und öffneten sich unter dem schaumig hervorquellenden Blut zu einem Lächeln.

Der Fährmann

Die Sonne stand schon tief über dem mattgrünen Gestrüpp am Rande der Stanitza. Ich machte mich auf den Weg und ging zum Fährplatz an den Don hinunter. Der feuchte Sand unter meinen Füßen roch faulig nach morschem Holz, das lange im Wasser gelegen hat. Wie eine Hasenfährte wand sich der Pfad im Zickzack durch das Gebüsch. Dunkelrot verschwand die Sonne hinter dem Friedhof, und die Dämmerung breitete ihren blauen Schleier über das Buschwerk.

Das Fährboot lag festgemacht an der Anlegestelle, umstrudelt von lilafarbenem Wasser. Die Riemen tanzten und drehten in den Dollen.

Mit einer Holzkelle, die kratzend über den Boden schabte, schöpfte der Fährmann das Wasser aus dem Boot. Als ich herankam, hob er den Kopf, sah mich mit seinen gelblichen Schlitzaugen an und brummte unwirsch:

»Du willst zur anderen Seite rüber? Dann fahren wir gleich ab, mach die Leine los!«

»Werden wir's denn zu zweit schaffen?«

»Müssen wir. 's wird Nacht, und wer weiß, ob sich noch jemand einfindet.«

Er krempelte die Hosenbeine hoch, musterte mich noch einmal und sagte:

»Ich sehe, du bist kein Hiesiger, stammst nicht aus unserer Gegend ... Wo kommst du her?«

»Ich komme aus der Armee und will nach Hause.«

Der Fährmann nahm seine Mütze ab und schleuderte mit einer Kopfbewegung die Haarmähne zurück, die Ähnlichkeit mit einer kaukasischen Silberstickerei hatte. Er blinzelte mich an und fletschte die Zähne.

»Wie denn – auf Urlaub oder heimlich?«

»Entlassen. Mein Jahrgang ist entlassen worden.«

»Nu, schon gut . . .«

Wir stiegen ins Boot, setzten uns und griffen zu den Riemen. Spielerisch leicht trug uns der Don dem überfluteten Jungwald am anderen Ufer entgegen. Die Flut schlug rauschend an die Bordwände. Der Fährmann stemmte die Füße gegen die glitschige Querleiste, daß die Muskeln an seinen nackten, blauadrigen Waden hervortraten. Seine Arme waren lang und knochig und die Finger an den Gelenken knotig verdickt. Er ruderte ungleichmäßig. Obwohl er die Riemen tief eintauchte, teilten sie fügsam die Wellen.

Ich hörte ihn ruhig und regelmäßig atmen. Sein gestricktes Wollhemd roch scharf nach Schweiß, kaltem Tabakrauch und fauligem Wasser. Das Rudern einstellend, wandte er sich zu mir und sagte:

»Mir scheint, wir treiben ab und werden zwischen die Bäume geraten. 'ne böse Sache das, aber nicht zu ändern.«

In der Flußmitte wurde die Strömung noch stärker, sie riß das Bootsheck herum, und wir trieben schräg auf den Wald zu. Nach einer halben Stunde saßen wir auf den überfluteten Weidenbäumen fest. Die Riemen zersplitterten. Eins der Bruchstücke blieb in der Dolle hängen. Gurgelnd drang das Wasser in das leckgeschlagene Boot. Wir kletterten auf einen Baum, und der Fährmann setzte sich rittlings neben mich auf einen Ast. Er redete und lauschte von Zeit zu Zeit, wenn Wildgänse über unserem Kopf dahinzogen, dem harten Rauschen ihres Fluges.

»Nach Hause also geht's, heim zur Familie . . . Deine Mutter wartet vielleicht schon auf dich, auf den Sohn und Ernährer, der ihr die alten Tage leichter machen soll . . . Dir aber ist's wahrscheinlich ziemlich egal, daß sie sich alle Tage nach dir gesehnt und nachts das Kopfkissen naßgeweint hat . . . So seid ihr ja alle, ihr Söhne . . . Solange ihr keine eigene Familie habt, ist eure Seele taub für den Kummer der Alten. Welchen Kummer aber nehmen die Eltern euretwegen auf sich!«

Nach einem Weilchen fuhr er fort:

»Manches Weib zerquetscht die Galle, wenn es Fische ausnimmt, du löffelst dann die Suppe und schmeckst nichts wie Galle. So geht's auch mir. Ich lebe zwar, aber was ich zu schmecken kriege, ist Bitterkeit ... Manchmal reißt einem da die Geduld und man sagt: Kann's überhaupt noch schlimmer kommen, Leben? ... Du bist also nicht von hier, bist'n Fremder. Nu, gib mir mal 'nen Rat, in welche Schlinge ich meinen Kopf stecken soll! Ich hab' 'ne Tochter. Natascha heißt sie, wird siebzehn in diesem Jahr ... Die sagt: ›Mich packt der Ekel, daß ich mit Ihnen am selben Tisch essen muß, Vater. Beim Anblick Ihrer Hände muß ich ständig daran denken, daß diese Hände meine Brüder umgebracht haben. 's dreht mir einfach die Seele um ...‹

Sie will nicht einsehen, diese Hündin, wie und warum das alles so gekommen ist. Und 's ist doch nur ihretwegen, der Kinder wegen so ...

Ich hab' mich nämlich schon in jungen Jahren verheiratet. Meine Frau war reich gesegnet, hat mir acht Nacktärsche geboren und beim neunten ist sie selber draufgegangen. Zur Welt hat sie ihn ja noch gebracht, aber dann fünf Tage Fieber, und aus war's mit ihr ... Ich blieb allein zurück, allein wie 'ne Schnepfe im Sumpf. Von den Kinderchen hat Gott kein einziges zu sich genommen, wie sehr ich ihn auch angefleht habe deswegen ... Iwan war der älteste, war genauso dunkel wie ich, hatte 'n hübsches Gesicht ... Der zweite Junge war vier Jahre jünger als Iwan und mehr nach der Mutter geraten ... Klein, fast weißhäutig, aber mit hellbraunen Augen ... War mir der liebste von allen ... Danila hieß er ... Und dann noch sieben Mäuler, Mädel und Jungen. Iwan hab' ich in unser Dorf verheiratet. Seine Frau kriegte schon bald ein Kind. Auch Danila wollte ich verheiraten, aber da wurden die Zeiten unsicher ... Unsere Stanitza meuterte gegen die Sowjetregierung, und am anderen Tage kommt Iwan zu mir und sagt: ›Lassen Sie uns in Gottes Namen zu den Roten gehen, ich bitte darum ... Wir müssen ihnen beistehn, das Recht ist auf ihrer Seite ...‹

Auch Danila war dafür. Sie haben mir lange zugesetzt, und ich hab' ihnen geantwortet: ›Ich zwinge euch nicht zum Hierbleiben, von mir aus geht, ich komme nicht mit! Außer euch hab' ich noch sieben in der Kate, und jeder Mund wartet auf ein Stück Brot . . .‹

Und so sind sie fortgegangen . . . Unsere Stanitza machte ernst, und auch ich mußte an die Front.

Ich sagte in der Gemeindeversammlung: ›Meine Herren Ältesten, Sie wissen alle, daß ich Familie hab', sieben kleine Kinderchen. Nu, wenn ich abgeknallt werde, wer soll dann für sie sorgen?‹

Ich hab's so und so versucht – alles umsonst. Ich mußte also an die Front.

Kurz vor Ostern, wir kämpften gerade in der Nähe unserer Stanitza, wurden neun Gefangene ins Dorf getrieben, und wer ist unter ihnen? Mein Daniluschka, mein Täubchen . . . Die Kosaken kamen auf die Straße gerannt und schrien: ›Umlegen, die Bestien! Schlagt sie tot, wenn sie nach dem Verhör rauskommen!‹

Ich stehe zwischen ihnen, meine Knie zittern, aber ich laß mir nicht anmerken, daß ich um meinen Daniluschka Angst habe . . . Ich guck' verstohlen zur Seite und sehe, daß die Kosaken miteinander tuscheln und mit Fingern auf mich zeigen . . . Dann trat der Wachtmeister Arkaschka an mich heran und fragte: ›Nu, Mikischara, wie ist's? Wirst du ordentlich dreinhaun?‹ – ›Ja, das werd' ich, ich werd's den Kanaillen schon geben . . .‹ – ›Nu, hier hast du 'n Seitengewehr‹, sagt er, ›stell dich dort auf!‹ – Er drückt mir das Seitengewehr in die Hand und grinst. ›Wir passen auf dich auf, Mikischara . . . Nimm dich in acht, daß es dir nachher nicht drekkig ergeht!‹

Ich stellte mich an die Tür und denk' im stillen: Heilige Mutter Gottes, muß ich wirklich meinen Jungen totschlagen? Da hör' ich auch schon drinnen beim Sotnik Gebrüll. Die Gefangenen kommen raus und an erster Stelle mein Danila . . . Ich seh' ihn an, und kalte Schauer laufen mir durch die Seele . . . Sein Schädel – wie 'n Eimer und blutverkrustet . . . Er hatte sich zum Schutz gegen die Schläge Wollhandschuhe auf den Kopf gelegt . . . Die hatten sich voll Blut gesogen und waren an den Haaren festgepappt . . . Sie hatten die Gefangenen schon unterwegs mißhandelt . . . Er sieht mich, wankt auf mich zu und streckt mir die Arme entgegen ... Er versucht zu lächeln, aber die Augen sind verquollen und mit Blut verkleistert ...

Da wußte ich: Wenn ich ihn schone, machen mich die eigenen Dorfgenossen kalt, und meine kleinen Kinderchen daheim bleiben als Waisen zurück ... Und er kam näher und näher heran ...

›Vater‹, sagt er, ›leb wohl ...‹ – Die Tränen rollen ihm über das blutige Gesicht ... Ich aber – ich konnte kaum den Arm hochkriegen, wie versteinert war er ... Die Faust umklammerte das Seitengewehr ... Ich schlug mit dem Griff zu ... Er schrie auf, barg das Gesicht in den Händen und brach zusammen ... Die Kosaken wieherten vor Lachen ...

›Schlag zu, Mikischara! Tut dir dein Danila etwa leid? Schlag zu, sonst zapfen wir ein bißchen von deinem Blut ab ...‹

Der Sotnik kommt heraus und flucht, aber seine Augen lachen ... Als sie mit den Seitengewehren auf die Gefangenen einzuschlagen begannen, wurde mir schwarz vor Augen. Ich renne in eine Seitengasse, blicke mich um und sehe, wie sie meinem Danila, der am Boden liegt, den Rest geben ... Der Wachtmeister hatte ihm das Bajonett durch den Hals gestoßen ... Ich hörte nur noch ein krächzendes Röcheln.«

Unter uns krachten die Planken des Fährboots, so stark war die Strömung, das Wasser gurgelte und rauschte, die Weide schwankte hin und her. Das Bootsheck bäumte sich auf, Mikischara trat es mit dem Fuß nieder, klopfte die Glut aus seiner Pfeife und sagte:

»Das Boot sackt ab. Wir werden wohl bis morgen mittag auf dem Baum hocken bleiben müssen ...«

Er verfiel in langes Schweigen. Später dann fuhr er mit dumpfer Stimme fort:

»Ich bin zum Unteroffizier befördert worden ... Viel Wasser ist seitdem den Don hinuntergeflossen, aber noch heute höre ich nachts ein Röcheln ... Damals, als ich fortrannte, hörte ich Daniluschka so röcheln ... ’s ist das Gewissen, ’s läßt mir keine Ruhe ...

Wir hielten die Stellung gegen die Roten bis zum Frühjahr. Dann stieß General Sekretjow zu uns, und die Roten wurden über den Don bis ins Gouvernement Saratow zurückgedrängt. Ich mußte aber, obwohl ich Familie hatte, weiter Dienst machen, weil meine Jungen bei den Roten waren. – Wir stießen bis Balaschow vor. Von meinem Iwan, dem Ältesten – nichts zu sehen und zu hören ... Die Pest mag wissen, wie die Kosaken spitzkriegten, daß er von den Roten abgehaun war und sich der 36. Kosakenbatterie angeschlossen hatte. ›Wenn wir deinen Iwan schnappen‹, drohten sie mir, ›dann blasen wir ihm die Seele aus dem Leib!‹

Als wir einmal ein Dorf besetzten, lag die 36. drin ... Sie machten meinen Iwan ausfindig und schleppten ihn gefesselt zur Sotnija. Hübsch zugerichtet haben sie ihn dort, und dann kriegte ich den Befehl: ›Bring ihn zum Regimentsstab!‹

Der Stab lag zwölf Werst vom Dorf entfernt. Der Sotnik drückt mir ein Papier in die Hand, wagt aber nicht, mir in die Augen zu sehn, und sagt: ›Bring ihn hin, Mikischara! Seinem Vater wird er schon nicht davonlaufen ...‹

Wie eine Erleuchtung von oben kam es da über mich: Sie haben mich bloß deshalb ausgewählt, weil sie denken, daß ich meinen Jungen türmen lassen werde, ihn fangen sie früher oder später wieder ein und haben allen Grund, mich umzubringen ...

Ich komme zu der Kate, in der Iwan eingesperrt ist, und frag' die Posten: ›Wo ist der Gefangene?‹ – ›Hier drin‹, antworten sie, ›dann mal los!‹

Iwan warf seinen Mantel über die Schulter, drehte die Mütze ein Weilchen in den Händen hin und her und schleuderte sie auf die Bank zurück. Er redete kein Wort, bis wir einen Hügel vor dem Dorf erreicht hatten, und auch ich sagte kein Wort. Dann und wann guck' ich zurück, denn 's war ja möglich, daß sie uns beobachteten. So ging's den halben Weg. Wir kamen an einer kleinen Kapelle vorüber, und hinter uns war niemand zu sehen. Da dreht sich mein Iwan zu mir um und sagt ganz kläglich: ›Vater, beim Stab werd' ich wohl erschossen werden, du treibst mich dem Tod entgegen. Ist denn dein Gewissen abgestorben?‹ – ›Nein, Wanja‹, sag' ich, ›'s ist nicht tot!‹ – ›Und hast du denn kein bißchen Mitleid mit mir?‹ – ›Mitleid schon, lieber Junge – 's reißt mir fast das Herz in Stücke . . .‹ – ›Dann . . . dann laß mich laufen . . . Ich bin . . . bin ja noch so jung . . .‹

Mitten auf dem Weg fiel er vor mir auf die Knie und verneigte sich dreimal bis zur Erde. Darauf sag' ich zu ihm: ›Wenn wir hinter dem Hügel sind, dann renne . . . Ich werd 'n paarmal in die Luft knallen . . .‹

Als er noch klein war, konnte man ihm manchmal kein liebes Wort entlocken, jetzt aber warf er sich vor mir nieder und küßte meine Hände . . . Wir marschierten noch ungefähr zwei Werst weiter. Er schweigt, und auch ich schweige. Auf dem Hügel machen wir halt.

›Wir wollen jetzt Abschied voneinander nehmen, Vater! Wenn ich am Leben bleibe, werde ich bis an mein Ende für dich sorgen, kein böses Wort soll je über meine Lippen kommen . . .‹ – Er umarmt mich, mein Herz steht vor Gram fast still. ›Lauf los, Junge!‹ sag' ich.

Er rannte den Abhang hinunter, blickte sich noch einmal um und winkte. Ich ließ ihn ungefähr zwanzig Faden weit laufen, dann legte ich an und stützte den Arm aufs Knie, damit die Hand nicht zittern sollte, und schoß . . . von hinten . . .«

Mikischara suchte lange nach seinem Tabaksbeutel, schlug umständlich Feuer mit seinem Stahl, schmatzte und zündete die Pfeife an. Als der Zunder in seiner Faust glomm, sah ich die Muskeln in seinem Gesicht zucken, doch die Augen unter den verquollenen Lidern starrten hart und ohne eine Spur von Reue geradeaus.

»Nu, er sprang hoch, lief noch ein paar Schritte weiter, preßte die Hände an den Leib und drehte sich zu mir um. ›Vater, warum denn das?‹ – Dann stürzte er nieder, und seine Beine zappelten in der Luft. Ich lauf' zu ihm runter und bücke mich . . . Seine Augen steh'n verquer, von den Lippen sickert Blut. Ich denke, er ist tot, aber da rafft er sich noch einmal auf und faßt nach meiner Hand. ›Vater, ich hab' Frau und Kind . . .‹

Sein Kopf sank zur Seite, und er sackte zusammen. Er drückte die Wunde mit den Händen zu, doch das Blut quoll zwischen den Fingern hervor . . . Stöhnend wälzte er sich auf den Rücken und blickte mich vorwurfsvoll an . . . Die Zunge gehorchte ihm nicht mehr . . . Er wollte noch etwas sagen, aber es wurde bloß ein Stammeln: ›Va-a-ater . . .‹

Mir schossen die Tränen in die Augen, und ich sagte: ›Wanjuschka, trag' du statt meiner die Märtyrerkrone . . . Stimmt schon, du hast 'n Weib und 'n Kind, aber bei mir sitzen sieben Kinderchen in der Kate. Hätte ich dich laufen lassen, schlügen mich die Kosaken tot, und die Kinder müßten in Christi Namen betteln gehn . . .‹

Ein Weilchen später verschied er, sich an meine Hand klammernd . . . Ich zog ihm den Mantel und die Stiefel aus, deckte sein Gesicht mit 'nem Taschentuch zu und wankte zum Dorf zurück . . .

Und jetzt, mein lieber Mann, rede du! Allein der Kinder wegen hab' ich all den Kummer auf mich genommen und bin grau davon geworden. Ich kratze das tägliche Brot zusammen, finde weder Tag noch Nacht Ruhe, und sie . . . Natascha zum Beispiel, meine Tochter, sagt: ›Mich packt der Ekel, daß ich mit Ihnen am selben Tisch essen muß . . .‹ – Wie soll ich das noch länger ertragen?«

Der Fährmann senkte den Kopf und sah mich mit schwerem Blick starr an. Es hatte zu tagen begonnen, und bei den dunklen Pappeln am andern Ufer quarrten Wildenten. Über das Wasser klang ein heiserer, verhallender Ruf:

»Mi-ki-scha-raaa! He, Satan, du! Hol über!«

Der unrechte Weg

Vor kurzem war Njurka noch ein häßliches, ungeschicktes Ding mit schlaksigem Gang und langen, ungelenken Armen. Bei Begegnungen mit Fremden war sie verlegen geworden und hatte schüchtern mit ihren dunklen Augen unter dem Kopftuch hervorgelugt. Jetzt aber kreuzt Wasjkas Weg ein kraftvolles, prächtiges Mädel, das ihn offen und mit einem kleinen Lächeln auf den Lippen anschaut. Wasjka durchrieselt dabei ein Gefühl, als streichle lauer Frühlingswind sein Antlitz.

Wasjka kniff einen Augenblick die Lider zusammen, drehte sich nach Njurka um, folgte ihr mit den Augen bis zur Wegbiegung und spornte sein Pferd zu schnellerem Gang an. Bei dem Gedanken an die Begegnung huschte ein Lächeln über seine Züge. Im Geiste sah er unausgesetzt Njurkas Arme, die anmutig und weich das Tragejoch umschlangen, und die grünen Wassereimer, die im Takt ihrer Schritte schwangen, vor sich. Von nun an suchte er ihr zu begegnen und benutzte absichtlich den Seitenweg, der an Njurkas väterlichem Hof vorbeiführte. Und jedesmal, wenn er sie hinter dem Staketenzaun oder am Fenster entdeckte, überkam ihn ein frohes Gefühl. Dann zog er die Zügel straffer an und verlangsamte den Schritt seines Pferdes.

Letzten Freitag war er auf die Wiesen hinausgeritten, um nach dem Heu zu sehen. Der niedergegangene Regen verdunstete aus den Schobern, und dem Heu entströmte süßer Duft. Nahe bei den Andejewschen Heuhaufen stand Njurka. Sie hatte den Rock gerafft und hielt eine Gerte in der Hand. Wasjka ritt zu ihr hinüber.

»Guten Tag, Schönste!«

»Guten Tag!« erwiderte Njurka lächelnd seinen Gruß.

»Was tust du denn hier, Njurka?«

»Eins unserer Kälbchen ist verschwunden ... Hast du's zufällig gesehen?«

»Die Herde ist schon längst wieder in der Stanitza, und euer Kälbchen – nein, ich hab's nicht gesehen.«

Wasjka holte seinen Tabaksbeutel hervor, um sich eine Zigarette zu drehen. Während er ein Stück Zeitungspapier anfeuchtete, fuhr er fort:

»Wie groß und kräftig du geworden bist, Mädel! Gestern noch haben wir zusammen im Sande gespielt und heute – schau mal einer an!«

»So ist das eben, Wasilij Timofejewitsch. Auch ich meine, 's ist noch nicht lange her, daß du dich ohne Hose in der Steppe rumgetrieben und Stare gefangen hast, und jetzt stößt dein Kopf sicher schon gegen den Dachbalken in der Kate ...«

»Warum bist du eigentlich noch nicht verheiratet?«

Wasjka strich ein Streichholz an und blies den Tabaksqualm aus dem Munde. Njurka seufzte schalkhaft und machte eine bedauernde Geste mit den Händen.

»Keine Freier!«

»Und ich? Bin ich etwa keiner?«

Wasjka wollte lächeln, doch es gelang ihm nicht, weil er daran denken mußte, was für ein Bild ihm der Spiegel bot, wenn er sich darin betrachtete: die Wangen von Pockennarben entstellt, das unbändige Haar tief in die Stirn fallend ... Njurka sagte:

»Nun ja, du bist zwar 'n bißchen pockennarbig, sonst aber kein übler Bursch ...«

»Das Gesicht allein ist auch nicht so wichtig ...«, erwiderte Wasjka kleinlaut und wurde rot.

Njurka, kaum wahrnehmbar lächelnd, spielte mit der Gerte und erwiderte:

»Das stimmt schon ... Nu, wenn ich dir gefalle, dann schick doch Brautwerber zu uns ...«

Damit wandte sie sich ab und lief davon. Wasjka blieb noch lange bei den Heuschobern sitzen, zerrieb duftende Liebstöckelblätter zwischen den Fingern und dachte: ›Lacht mich das Luder nun aus oder nicht?‹

Vom Waldbach wehte ein kühles Lüftchen herüber. Bodennebel krochen über die gemähten Wiesen, tasteten mit grauen Fühlern nach den stehengebliebenen Grashalmen und legten sich wie Frauenarme um die dunstenden Heuhaufen. Bei den drei Pappeln, hinter denen die Sonne versunken war, glühte der Himmel wie eine Heckenrose, und die heraufziehenden Wölkchen glichen welkenden Blütenblättern.

Wasjkas Familie: die Mutter und eine Schwester. Die Kate am Ende des Dorfes stand fest auf der Erde, doch der Hof war nicht groß. Ein Pferd und eine Kuh waren die einzigen Reichtümer. Wasjkas Vater war ein armer Mann gewesen.

Am Sonntag sagte daher die Mutter, als sie sich ein buntgeblümtes Kopftuch umband:

»Ich hab' gewiß nichts dagegen, mein Junge. Njurka ist fleißig und nicht dumm, aber wir sind arme Leute, und ihr Vater wird sie dir nicht geben wollen ... Du kennst ja Ossip ...« Wasjka, seine Stiefel anziehend, erwiderte nichts, nur seine Wangen röteten sich. Ob das Rotwerden auf die Anstrengung zurückzuführen war – die Stiefel waren sehr eng – oder ob es einen anderen Grund hatte, wer will das wissen! Die Mutter wischte mit dem Kopftuchzipfel über ihre trocknen, blassen Lippen und fuhr fort:

»Ich will Ossip aufsuchen, Wasjka, aber es kann leicht zu einer Blamage führen, wenn die Brautwerberin abgewiesen wird. Das ganze Dorf wird über uns lachen ...«

Sie verstummte. Nach einem Weilchen flüsterte sie, ohne Wasjka anzusehen:

»Nu, ich mach' mich jetzt auf den Weg.«

»Ja, Mama, geh!«

Wasjka stand auf. Seine Miene zeigte ein trübes Lächeln.

Mit dem Ärmel über die feuchte Stirn fahrend, sagte sie: »Ossip Maximowitsch, Sie haben eine bestimmte Ware, und wir haben den

Käufer dafür ... Deshalb bin ich hergekommen ... Wie denken Sie darüber?«

Ossip strich sich den Bart, blies den Staub von der Bank, auf der er sitzen geblieben war, und erwiderte gedehnt:

»Die Sache ist die, Timofejewna ... Ich hätt' vielleicht nichts dagegen ... Wasilij ist für unsern Hof ein ganz brauchbarer Bursche, aber das Mädel geben wir jetzt noch nicht her, 's ist noch zu früh ... Sie hat noch Zeit genug, um 'ne Schar Kinder zu kriegen ...«

»Dann entschuldigen Sie, daß ich gestört habe ...« Wasilijs Mutter zog die Lippen ein, erhob sich von der Truhe, auf der sie saß, und verneigte sich tief.

»Nicht der Rede wert ... Aber warum so eilig, Timofejewna? Vielleicht bleibst du zum Essen bei uns?«

»Nein ... Ich muß nach Hause ... Leben Sie wohl, Ossip Maximowitsch!«

»Dann mit Gott!« brummte Ossip und rührte sich nicht von seinem Platz, als die Tür hinter Timofejewna ins Schloß fiel.

Njurkas Mutter kam herein und fragte, während sie Sonnenblumenkerne zum Rösten in die Pfanne tat:

»Was wollte denn die Timofejewna?«

Ossip machte sich mit einem Fluche Luft und spuckte aus.

»Freien für ihren Pockennarbigen ... Lumpenpack, stinkendes! Sollen sich doch ihresgleichen suchen! Das wär mir 'ne Brautwerberin ...«, schloß er und hob abwehrend die Hand.

Die Roggenernte war vorüber. Die Tennen, vollgestopft mit rotbraunen Garben, warteten auf die Drescher, auf den Lärm der Dreschmaschinen und die heiseren Rufe: Vorwärts – gebt her – los!

Der Herbst brachte Regen und Nebel. Wie Krätze im Pferdestall nistete sich morgens der Nebel im Steppengras ein. Die Sonne, dann und wann durch die Wolken lugend, hatte alle Kraft verloren. Die Wälder jedoch, von der sommerlichen Hitze nicht versengt, ließen stolz ihr grünes Laub wie im Frühling rauschen.

Feucht und widerlich zog der Regen eine Nebelschleppe nach der andern hinter sich her. Aus irgendeinem Grunde zogen die Wildgänse von Ost nach West, und die Getreidestapel, von häßlicher Fäulnis befallen, erinnerten an einen siechen, in sich zusammengesunkenen Menschen.

Die ungepflügte Erde versank in herbstlichen Schlummer. Die Wiesen waren zwar noch grün, doch ihr Leben war so trügerisch wie das Rot auf den Wangen eines Schwindsüchtigen.

Für Wasjka aber brach, ungestüm wie das Blühen der Disteln, eine Zeit der Freude an. Er traf sich jetzt jeden Tag mit Njurka. Bald begegneten sie einander am Fluß, bald sah er sie bei den abendlichen Zusammenkünften der Jugend. Der Bursche war närrisch vor lauter Verliebtheit, wurde mager, und die Arbeit entglitt seinen Händen ...

Seine Ziehharmonika hatte bislang immer nur wie ein junger Hund gewimmert und gejault, doch an diesen grauen, trüben Herbsttagen tönten ihre Klänge laut und lustig durch die Dämmerung.

Eines Abends kam Grischka, der Sekretär des Komsomol, aufgeregt zu Wasjka auf den Hof, winkte mit den Armen und lachte über das ganze Gesicht.

»Was ist los? Du bist ja rein aus dem Häuschen ... Hast du etwa 'nen Schatz entdeckt?« neckte ihn Wasjka.

»Ach, Unsinn!« rief Grischka voll Freude. »Unser Jahrgang muß einrücken! In drei Tagen werden wir ausgehoben ...«

Wasjka fühlte sich wie vor den Kopf geschlagen. Sein erster Gedanke war: Wie wird das mit Njurka? Er rieb sich die Stirn und fragte dumpf:

»Weshalb freust du dich eigentlich so darüber?«

Grischka zog die Brauen bis zum Haaransatz hoch.

»Ja, warum denn nicht? Wenn wir in der Armee sind, kriegen wir die ganze Welt zu sehen, du Witzbold! Was gibt's denn hier schon – Mist, weiter nichts! ... In der Armee, Bruder, können wir doch was lernen ...«

Wasjka wandte sich wortlos ab und ging, den Kopf hängen lassend, zur Tenne.

In der Nacht wartete Wasjka an Ossips Hofzaun auf Njurka. Sie kam spät und hatte sich in den Mantel ihres Vaters gehüllt. Sie fröstelte in der nächtlichen Kühle. Wasjka wollte ihr in die Augen sehen, doch er sah – nichts. Er glaubte, an Stelle der Augen nur zwei leere schwarze Höhlen wahrzunehmen.

»Ich muß zum Militär, Njurka ...«

»Ich hab's schon gehört ...

»Nu, und? Wirst du auf mich warten?«

Njurka lachte leise auf. Ihre Stimme und das Lachen kamen Wasjka fremd vor.

»Ich hab' versprochen, weder auf Vater noch Mutter zu hören und dich zu heiraten ... Jetzt sieht die Sache allerdings anders aus ... Es ist kein Kinderspiel, wenn man zwei Jahre warten soll. Und du schaffst dir in der Stadt vielleicht eine andre an, und ich bleibe hier als alte Jungfer sitzen ... Wer ist heute noch so dumm! Schau dich nach einer andern um, die auf dich warten will ...«

Stotternd und kopfschüttelnd redete Wasjka lange auf sie ein. Er bat und beschwor sie, Njurka aber zerknickte nur ein Zweiglein und wiederholte immer aufs neue ihr kurzes, kaltes Nein. Wasjka geriet in Wut. Abgerissen und schnaufend rief er schließlich:

»Nu gut – du Biest! Aber wenn ich dich schon nicht haben soll – dann ein anderer erst recht nicht! Und wenn du einen andern freist – meinen Händen entkommst du nicht!«

»Deine Arme werden viel zu kurz sein ...«, gab Njurka zornig zur Antwort.

»Das laß nur meine Sorge sein ...«

Wasjka schwang sich ohne Gruß über den Zaun und rannte, die gelben Herbstblätter in den Schmutz stampfend, durch den Garten davon.

*

Am andern Morgen steckte er einen Kanten Brot in die Tasche seines kurzen Pelzmantels, füllte heimlich Mehl in einen Leinenbeutel, den er der Mutter entwendet hatte, und begab sich zum Waldhüter. Sein Kopf war von der schlaflos verbrachten Nacht schwer und der Leib wie zerschlagen, die Augen tränten. Vorsichtig den Pfützen ausweichend, näherte er sich der Kate des Waldhüters, der gerade Wasser aus dem Brunnen hochzog.

»Willst du zu mir, Wasilij?«

»Ja, Semjon Michailytsch ... Ich wollte, bevor ich einrücke, noch einmal auf Jagd gehen ...«

Der Waldhüter trat, den Eimer in der Hand, an ihn heran und kniff die Lider zusammen.

»Was hast du letzten Sonntag geschossen?« fragte er.

»Nur einen Hasen ...«

Sie traten in die Kate. Der Waldhüter stellte den Eimer auf eine Bank und holte eine altertümliche Flinte aus der Stube herbei. Wasjka schielte finster zur Seite und sagte:

»Ich hätte gern das Gewehr gehabt ... Hab' einen Fuchs in der Sennja Balka ausgemacht.«

»Ich kann dir auch das Gewehr geben, aber ich habe keine Kugeln dafür.«

»Kugeln hab' ich selbst.«

»Dann ist's ja gut. – Komm auf dem Heimweg vorbei und zeig, was du geschossen hast ... Weidmannsheil denn!«

Lächelnd sah der Waldhüter Wasjka nach.

Vier Werst von der Stanitza entfernt, dort, wo im Frühjahr das Tauwasser die steilen Hänge der Waldschlucht unterspült hatte, höhlte Wasjka unter niederhängendem Wurzelwerk eine fettig glänzende Lehmwand aus und grub ein Loch, das eben nur so groß war, um einen Wolf zu beherbergen. Vier Tage und vier Nächte verbrachte er in der Höhle.

Bei Tage speichert sich die Wärme in der Tiefe der waldigen Schlucht, in der es nach moderndem Laub riecht, nachts scheint sie unter den schrägen Strahlen des Mondes bodenlos zu werden, irgendwo raschelt es, Äste knacken, unbestimmbare, beunruhigende Laute werden vernehmbar, als schleiche jemand, der nach unten späht, am oberen Rande der Schlucht entlang. Nach Mitternacht ist hin und wieder das Heulen junger Wölfe zu hören.

Tags verließ Wasjka zuweilen die Schlucht, kroch durch wirres, dorniges Schlehengestrüpp und kahle Haselnußdickichte und schlich schleppenden Schritts durch Senken, bis zu den Knien in rostrotem Laub versinkend. Wenn er durch die Gitter der Blätter, die noch an den Bäumen hingen, den blaßgrünen Wasserspiegel des Flusses blinken und dahinter die weißgetünchten Katen schimmern sah, krampfte sich sein Herz zusammen. Unter den Büschen der steilen Böschung liegend, beobachtete er Stunde um Stunde die Frauen, die aus der Stanitza an den Fluß kamen, um Wasser zu holen. Am zweiten Tag sah er seine Mutter und wollte ihr etwas zurufen, doch da tauchte an der Wegbiegung ein Wagen auf. Der Kosak schwang die Peitsche und spähte über das Wasser.

Schon in der ersten Nacht, die er auf einem Haufen trocken raschelnder Blätter zubrachte und in der er bis zum Morgengrauen kein Auge zumachte, war es Wasjka klargeworden, daß er nicht den richtigen Weg eingeschlagen, sondern sich auf einen krummen Pfad begeben hatte und daß ihm nun nichts anderes übrigbleiben würde, als auf diesem Pfade bis zum bitteren Ende auszuharren. Er hatte erkannt, daß alle Welt gegen ihn sein mußte: Njurka und die gleichaltrigen Burschen, die morgen mit lustiger Ziehharmonikamusik zur Armee einrücken würden; sie werden dem Vaterlande dienen und es verteidigen, während er, Wasjka, für niemand da sein wird. Wie ein gehetzter Wolf oder ein tollwütiger Hund wird er im Walde, auf einem Windbruch vielleicht, von der Kugel eines Kosaken sterben, er, Wasjka, der Sohn eines Hirten, ein echter Sohn des Volkes.

Beim ersten blaßroten Schimmer am östlichen Horizont eilte Wasjka, das Gewehr in der Schlucht zurücklassend, zur Stanitza und schritt immer schneller aus.

›Ich werd' mich stellen! Mögen sie mich festnehmen! Wenn sie mich auch verurteilen, so bin ich doch wenigstens noch immer unter Menschen, unter meinesgleichen.‹ Der Gedanke trieb ihn vorwärts. Als er an den Fluß kam, blieb er stehen. Hinter den Hofzäunen kräuselte Rauch aus den Schornsteinen; das Vieh brüllte. Angst rieselte Wasjka kalt den Rücken bis zu den Fersen hinunter.

›Und wenn ich drei Jahre kriege? – Nein, ich tu's nicht!‹ Er machte kehrt und lief, wie ein alter Fuchs seine Spuren verwischend und Haken schlagend, in den Wald zurück.

Am sechsten Tage waren sein Brot und das Mehl aufgebraucht. Wasjka wartete die Nacht ab und schlich mit umgehängtem Gewehr zum Fluß. Vorsichtig das Knacken der Zweige vermeidend, stieg er zur Furt hinunter. Auf dem feuchten, körnigen Sande entdeckte er Radspuren. Er watete durch den Fluß und gelangte quer durch die Gärten zu Ossips Tenne. Zwischen den kahlen Zweigen der Apfelbäume sah er Licht in einem der Fenster schimmern.

Wasjka blieb stehen. Plötzlich überfiel ihn das Verlangen, Njurka zu sehen, mit ihr zu reden und ihr all seine Vorwürfe ins Gesicht zu schleudern. Ihretwegen war er zum Deserteur geworden, ihretwegen mußte er im Walde umkommen.

Er schwang sich über den Zaun, lief schnell durch den Garten zur Haustüre und drückte sie auf. Sie war nicht zugeschlossen. Drinnen schlug ihm Wärme entgegen und verwirrte seine Gedanken.

Njurkas Mutter rührte gerade den Teig an. Beim Knarren der Tür wandte sie den Kopf und ließ vor Schreck das Mehlsieb fallen. Ossip, der am Tisch saß, ächzte, und Njurka stieß einen gellenden Schrei aus und rannte wie besessen in die Stube nebenan.

»Grüß Gott!« krächzte Wasjka.

»Gr-grüß Go-ott . . .«, stotterte Ossip.

Wasjka folgte Njurka, ohne die Mütze abzunehmen. Mit schlotternden Knien war sie auf eine Truhe gesunken.

»'s freut dich wohl gar nicht, mich zu sehen, Njurka, wie? – Warum sagst du denn nichts?«

Wasjka setzte sich neben sie und lehnte das Gewehr an die Wand.

»Worüber sollte ich mich wohl freuen?« flüsterte Njurka stokkend und fuhr mit tränenerstickter Stimme fort: »Mach, daß du fortkommst, um Gottes willen... Die Kreispolizei ist im Dorf, fahndet nach selbstgebranntem Schnaps... Wenn sie dich finden... Geh, Wasjka! Hab' Erbarmen mit mir!«

»Ha, du! Hast du vielleicht Erbarmen mit mir gehabt? Wie?«

Wasjka hatte kaum die Tür hinter sich ins Schloß geworfen, als Ossip seiner Frau zuzwinkerte und knurrend mit dem Kopf nach der Stube wies, aus der das erregte Geflüster Njurkas drang.

»Lauf zu Semjon... Die Polizei ist bei ihm... Hol sie her!«

Njurkas Mutter öffnete leise die Haustür und huschte wie ein Schatten über den Hof davon.

Wasjka schluckte seinen Speichel hinunter und bettelte:

»Njurka, gib mir ein Stück Brot... Ich hab' schon seit zwei Tagen nichts mehr gegessen...«

Njurka erhob sich. Im selben Augenblick wurde die Tür aufgerissen. Njurkas Mutter erschien auf der Schwelle und hielt eine Lampe hoch. Ihr Kopftuch war auf die Schultern gerutscht, und das Haar hing ihr in Strähnen ins Gesicht. Kreischend schrie sie:

»Da ist er! Nehmt ihn fest, den Hundesohn, Genossen Polizisten!«

Hinter ihr tauchte ein Polizist auf und wollte in die Stube eindringen. Wasjka packte blitzschnell sein Gewehr, zerschmetterte mit dem Kolben die Lampe, war mit einem Satz beim Fenster, trat das Kreuz durch und sprang ins Freie. Im ersten Augenblick glaubte er, die Kälte zerschneide ihm das Gesicht. In der Kate Geschrei, Zetern, Türenschlagen.

Wasjka setzte leicht über den Zaun und flüchtete in großen Sprüngen zur Tenne. Hinter ihm Getrampel und Rufe.

»Halt, Wasjka, halt oder ich schieße!«

An der Stimme erkannte Wasjka den Polizisten Proschin. Er

drehte sich um, riß das Gewehr hoch und feuerte es ab, ohne zu zielen. Als er über den nächsten Zaun sprang, hörte er einen Pistolenschuß und gleich darauf spürte er einen stechenden Schmerz in der linken Schulter, als habe ihm jemand mit einem glühenden Stabe einen Schlag versetzt. Den Schmerz verbeißend, schob er eine neue Kugel in den Lauf, zielte auf die vordere, zwischen den Apfelbäumen auftauchende Gestalt und drückte ab. Nach dem Schuß vernahm er das klägliche Gewinsel Proschins.

»Verdammtes Aas... In den Bauch... Au, a-au! Tut das weh...«

Wasjka lief durch die Furt, ohne die Kälte des Wassers zu spüren. Hinter sich hörte er den zweiten Polizisten herankommen. Als er sich umblickte, sah er dessen lange Mantelschöße flattern und bemerkte die Pistole in seiner Hand. Schon pfiffen ihm die Kugeln um die Ohren. Als er den steilen Uferhang erklommen hatte, schickte er dem umkehrenden Polizisten eine Kugel nach. Dann knöpfte er das Hemd auf und preßte die Lippen auf die Schulterwunde. Lange sog er das warme, nach Salz schmeckende Blut aus, kaute ein wenig Erde, die zwischen den Zähnen knirschte, und legte sie auf die Wunde. Er mußte hart die Zähne aufeinanderbeißen, um den aufsteigenden Schrei in der Kehle zu ersticken.

Am andern Tage schleppte er sich an den Fluß und verbarg sich im Gebüsch. Die Schulter war blaurot geworden und geschwollen. Der Schmerz war abgeklungen, das Hemd an der Weste festgeklebt. Nur beim Bewegen des linken Armes spürte er noch heftige Schmerzen.

Lange blieb er mit benommenem Kopf zwischen den Büschen liegen und spie den immer wieder im Munde zusammenlaufenden Speichel aus. Vor Hunger wurde ihm schlecht, er kaute Rinde, die er mit den Zähnen von dünnen Zweigen abzog, und betrachtete den grünen Speichel, den er von sich gab.

Am anderen Ufer kamen Frauen an den Fluß, schöpften ihre Eimer voll Wasser und entfernten sich wieder mit wiegenden

Schritten. Kurz vor dem Dunkelwerden bog noch eine Frauengestalt aus einer Quergasse und kam auf den Fluß zu. Wasjka stemmte sich auf die Ellenbogen hoch und mußte dabei vor Schmerz stöhnen. Es war Njurkas Mutter, die sich näherte. Ihr wollenes Kopftuch war tief über die Augen gezogen. Sie hatte es offensichtlich eilig. Mit zitternden Fingern entsicherte Wasjka das Gewehr, rieb sich die Augen und vergewisserte sich noch einmal.

»Jawohl, sie ist's!« flüsterte er. »Solch knallgelbe Bluse gibt's nicht zweimal in der Stanitza, und diese eine gehört Njurkas Mutter.«

Wasjka nahm den Kopf unter dem Tuch aufs Korn.

»Da, du Hündin, hast du was für deine Verräterei!«

Der Schuß peitschte über den Fluß. Die Frau ließ die Eimer fallen und rannte in Richtung der Höfe davon.

»Ah, zum Teufel! Daneben . . .«

Die gelbe Bluse tanzte vor dem Visier auf und ab. Beim zweiten Schuß stürzte die Frau in den Sand und krümmte sich zusammen.

Wasjka watete gelassen durch den Fluß und trat, das Gewehr mit beiden Händen vor sich haltend, zu seinem Opfer. Als er sich niederbeugte, schlug ihm warmer Schweißgeruch entgegen. Er starrte die zerfetzte Bluse und das Hemd an, sah durch einen Schlitz auf der weißen Haut knospenhaft eine rosafarbene Brustwarze schimmern und gewahrte ein wenig tiefer den runden Ausschuß und einen Flecken Blut, der auf dem Leinen des Hemdes wie eine Steppentulpe aufblühte.

Wasjka schob das Kopftuch, das über das Gesicht gerutscht war, zurück und blickte in Njurkas brechende Augen.

Njurka war in der Bluse ihrer Mutter Wasser holen gegangen. Als Wasjka begriff, was geschehen war, warf er sich über den zusammengekrümmten Leib und begann wie ein Wolf zu heulen. Aus der Stanitza eilten, Knüttel schwingend, Kosaken herbei. Neben dem vordersten rannte, kläffend und sich im Kreise drehend, ein kleiner rauhhaariger Hund, der an dem Mann hochsprang und ihm das Gesicht zu lecken suchte.

Der Wurm im Holz

Jakow Alexejewitsch ist ein Mann alten Schlages, hager, breitknochig, sein Bart sieht einem neuen Hirsestrohbesen ähnlich. Er gleicht aufs Haar dem Kulaken, wie ihn die Karikaturen auf den letzten Seiten der Zeitungen zeigen. Nur in der Kleidung ist ein Unterschied erkennbar. Zu einem Kulaken gehören der sozialen Stellung nach unbedingt eine Weste und knarrende Schaftstiefel. Jakow Alexejewitsch aber läuft den ganzen Sommer über barfuß und trägt nur ein grobes Leinenhemd ohne Gürtel. Vor drei Jahren stand er in den Listen des Dorfsowjets noch als Kulak verzeichnet. Er entließ jedoch seinen Knecht, verkaufte ein Ochsenpaar, behielt nur ein Vierergespann und die Stute, und so geriet sein Name in die Liste des nächst niederen Standes. Seine alte Haltung aber gab Jakow Alexejewitsch keineswegs auf. Nach wie vor geht er selbstbewußt einher, trägt den Kopf hoch wie ein Hahn und redet in den Versammlungen genau wie einst: langsam, gewichtig, mit etwas belegter Stimme.

Jakow Alexejewitsch hatte zwar die Bewirtschaftung seines Hofes eingeschränkt, wandte sich aber um so eifriger Geschäften zu. Im Frühjahr säte er zwanzig Dessjatinen Getreide aus und erstand für den Weizen, der von der letzten Ernte übriggeblieben war, einen Saatpflug, zwei eiserne Eggen und einen Kornreiniger. Wer im Frühjahr nichts mehr zu brechen und zu beißen hat, trennt sich dann bekanntlich von seinem letzten Besitz.

Kein andrer Dorfbewohner ist so gerissen wie Jakow Alexejewitsch – ein mit allen Wassern gewaschener Kosak. Nichtsdestoweniger hatte sich auch in seinem Hause der Wurm eingenistet. Stillschweigend war der jüngste Sohn, Stjopka, dem Komsomol beigetreten. Wäre solch Unglück einem dummen Manne zugestoßen, hätte es in der Familie wahrscheinlich Krach und Prügel gegeben. Jakow Alexejewitsch jedoch überlegte es sich anders. Wozu, dachte er sich, den Burschen handgreiflich belehren! Von nun an machte Jakow Alexejewitsch die Regierung und ihre Gesetze tagein und -aus lächerlich und ließ viel galligen Spott in seine Reden einfließen. Er glaubte, daß Stjopka so die Augen aufgehen würden. Und sie gingen ihm auf: Der Bursche bekreuzigte sich nicht mehr, sah dem Vater mit finsteren Blicken nach und redete bei Tisch kein Wort.

Eines Tages, als die Familie vor dem Essen beten wollte, wobei Jakow Alexejewitsch weit ausholend die Arme wie beim Mähen schwang und die Mutter, das Kreuz schlagend, sich bis zur Erde verneigte – die Kohlsuppe dampfte schon auf dem Tische, und das frischgebackene Brot duftete verlockend –, lümmelte Stjopka an der Tür herum, hielt die Hände auf dem Rücken verschränkt und trat von einem Fuß auf den andern.

»Bist du ein Mensch?« fragte ihn Jakow Alexejewitsch.

»Das mußt du am besten wissen ...«

»Nu, wenn du ein Mensch sein und dich mit Menschen an einen Tisch setzen willst, dann bekreuzige gefälligst deinen Rüssel! Das ist nämlich der Unterschied zwischen 'nem Menschen und 'nem Ochsen. Der Ochse frißt aus seiner Krippe, dreht sich dann vielleicht um, und 's kommt ihm gar nicht drauf an, seinen eignen Dreck in die Krippe zu machen.«

Stjopka wollte fortlaufen, überlegte es sich jedoch anders und schlüpfte, sich im Gehen schnell bekreuzigend, hinter den Tisch.

Seit mehreren Tagen schon schlich Jakow Alexejewitsch gelbgesichtig und mit gerunzelten Brauen über den Hof. Jeder ahnte, daß der Alte etwas im Schilde führte. Nicht ohne Grund wälzte er sich nachts von einer Seite auf die andere, ächzte und schlief erst gegen Morgen ein. Die Mutter flüsterte Stjopka sorgenvoll zu:

»Ich weiß nicht, Stjopuschka, was unser Alexejewitsch vorhat ... Entweder will er dir was am Zeuge flicken oder er will irgend jemand reinlegen ...«

Stjopka merkte wohl, daß der Vater etwas gegen ihn plante,

wußte aber nicht, was es sein mochte und wie er sich verhalten sollte, wenn ihm der Vater die Tür wiese.

Tatsächlich hatte Jakow Alexejewitsch allen Grund zu grübeln. Wäre Stjopka statt zwanzig erst fünfzehn, überlegte er, würde man im Handumdrehen mit ihm fertig werden, dann könnte man einfach die neuen Lederzügel nehmen ... Für einen Zwanzigjährigen aber sind sie wohl doch zu dünn, solche Burschen müssen schon mit der Deichsel zur Vernunft gebracht werden ... Andererseits – nehme ich die Deichsel, könnte es mir nicht nur übel ausgelegt werden, sondern auch schlecht bekommen ... Sollte der Alte da nachts nicht ächzen und tags nicht mit finster zusammengezogenen Brauen umherlaufen?

Maxim, Stjopkas älterer Bruder, ein gesunder und robuster Kosak, fragte eines Abends beim Löffelschnitzen:

»Sag mal, Bruder, was in aller Welt hast du eigentlich an deinem Komsomol gefressen?«

»Ach, laß mich in Ruhe ...«

»Nein ... Antworte!« Maxim ließ nicht locker. »Ich bin neunundzwanzig, hab' schon allerlei erlebt und weiß mehr als du; ich meine, das ist doch alles Quatsch ... Für 'nen Arbeiter mag's vielleicht ganz gut passen; der reißt seine acht Stunden runter – und ab in den Klub, zum Komsomol. Für uns Bauern aber ist das nichts ... Im Sommer, wenn die Arbeit drängt, verbummelst du die Nächte – und was kannst du dann am Tage schon zuwege bringen? Sei doch mal ganz ehrlich: Willst du dir vielleicht 'nen Posten ergattern und bist du deshalb Mitglied geworden?« schloß Maxim höhnisch. Stjopka war blaß geworden, hütete sich jedoch zu antworten, nur seine Lippen bebten.

»Eine zu blöde Regierung ist das«, fuhr Maxim fort. »Für uns Kosaken geradezu ein Verderb! Ja, den Kommunisten, denen geht's freilich gut ... Den andern aber? Mag sich euer Komsomol auch noch so fest am Hals der Bauern festsaugen – 's kommt der Tag, da geht das alles zum Teufel!«

Schweiß perlte von Maxims Stirn, auf der eine feuchte Haarsträhne zuckte. Er hatte sich derart in Hitze geredet, daß die Späne nur so von seinem Schnitzmesser flogen. Stjopka, zerstreut in einem Buche blätternd, schwieg hartnäckig. Er wollte sich auf keinen Streit einlassen, weil Jakow Alexejewitsch Maxims Worten in stillem Einverständnis lauschte und nur darauf zu warten schien, daß Stjopka etwas erwiderte.

»Nu, und wenn mal 'n Umsturz kommt? Was dann?«

»Eher fallen dir die Zähne aus!«

»Abwarten, mein Lieber! Du bist kein Kind mehr. Es geht ums Ganze ... Kommt's zu einer Auseinandersetzung oder etwas Ähnlichem, dann bin ich der erste, der dir die Jacke vollhaut! Solch junge Hunde wie dich schlägt man nicht gleich tot, aber die Pljotka sollst du anständig zu schmecken kriegen ...«

»Und zu Recht!« warf Jakow Alexejewitsch ein.

»Du kannst Gift drauf nehmen – ich bleue dich nach Strich und Faden durch!« schrie Maxim, und seine Nasenflügel zitterten. »Während des Weltkriegs, erinnere ich mich, wurde unsere Hundertschaft mal zu 'ner Fabrik kommandiert, weil die Arbeiter meuterten. Es war Abend, als wir hinkamen. Wir reiten in den Fabrikhof ein, vor dem Kontor ein dichtes Menschenknäuel. ›Brüder, Kosaken!‹, riefen uns die Aufständischen zu, ›stellt euch in unsre Reihen!‹ – Bokow, der Führer unsrer Hundertschaft, aber kommandierte: ›Mit der Pljotka auf die Hundesöhne ...‹«

Maxim verschluckte sich vor Lachen, lief rot an und wieherte noch lange vor Vergnügen.

»Meine Pljotka«, fuhrt er fort, »war aus rohem Leder geflochten, in das Ende war eine Kugel eingelassen ... Ich reite vor und brülle: ›Steh auf, Arbeitervolk, erhebe dich! Die Kosaken sind da, um euch den Buckel zu gerben! ...‹ Zuvorderst stand ein graues, schmächtiges Männchen mit 'ner Tellermütze auf dem Kopf ... Ich zieh' ihm eins über, und er – bautz! – meinem Gaul vor die Hufe ... Und dann fing der Tanz an ...« Maxims Augen verengten sich. »An die zwanzig Weiber haben unsere Gäule niedergetrampelt. Die Kosaken waren wie aus dem Häuschen und griffen zu den Säbeln . . .«

»Und du?« fragte Stjopka heiser.

»'n paar werden wohl noch heute an mich denken!«

Stjopka stemmte seinen Rücken gegen den Ofen und erwiderte dumpf:

»Schade, daß sie dich nicht kaltgemacht haben, du Bestie!«

»Wer ist eine Bestie?« schrie Maxim.

»Du . . .«

»Wer ist eine Bestie?« fragte Maxim noch einmal, warf das Holz weg und sprang auf.

Stjopkas Handflächen wurden feucht; er ballte die Fäuste so fest zusammen, daß sich die Fingernägel ins Fleisch gruben, und erwiderte gefaßt:

»Du Hund! Du Kain du!«

Maxim, der blitzschnell den Arm ausstreckte, erwischte Stjopka an der Hemdbrust, riß ihn vom Ofen weg und stieß ihn aufs Bett. Stjopka, von Haß übermannt, warf sich mit einem Ruck zur Seite, so daß nur der Hemdkragen in Maxims Hand blieb, und hob die Faust . . . Ein harter Schlag traf sein Gesicht und ließ ihn taumeln. Maxim drückte Stjopka mit der linken Hand die Kehle zu und schlug mit der rechten Faust auf das Gesicht ein. Stjopka, dem bei jedem Schlage die Luft wegblieb, hörte den Bruder keuchen und sah das kalte, hartherzige Lächeln auf dessen Lippen. Tränen stürzten ihm aus den Augen, die Ohren dröhnten. Der erbitterte Schrei über die eigenen Tränen und über das Lächeln Maxims erstickte in der zugepreßten Kehle . . . Die Lippen bluteten . . . Stjopka, dessen hervorquellende Augen sich verdrehten, spie dem Bruder das Blut ins Gesicht. Maxim bog den Kopf zur Seite, wobei sich sein sehniger Hals entblößte, und ließ seine Fäuste erneut auf Stjopka niederfahren.

Erst nach geraumer Weile trennte Jakow Alexejewitsch die Brüder. Maxim nahm, noch immer lächelnd, den halbfertigen Löffel auf und setzte sich ans Fenster. Stjopka wischte die blutenden Lippen mit dem Ärmel ab, nahm seine Mütze und verließ, leise die Tür hinter sich zuziehend, die Stube.

»Hoffentlich ist ihm das eine Lehre ... Sonst vergreift er sich schließlich noch eines Tages an seinem Vater«, murmelte Maxim.

Jakow Alexejewitsch kraulte nachdenklich seinen Bart und schielte düster nach dem verheulten Gesicht der Mutter.

Maxim war der erste, der am andern Morgen das Wort an Stjopka richtete.

»Wirst du zum Sowjet laufen und dich beschweren?«

»Ja.«

»Meinst du, daß das brüderlich gehandelt ist?«

Stjopka, der sah, daß sich Maxims Frau verfärbte und die Mutter sich mit dem Kopftuchzipfel die Tränen trocknete, gab keine Antwort. Er beschloß jedoch, den Mund zu halten. Von diesem Tage an herrschte drückendes Schweigen in der Familie. Die Frauen unterhielten sich nur im Flüsterton, und Jakow Alexejewitsch brütete trübe wie ein Novembermorgen vor sich hin. Mit schuldbewußtem Lächeln sagte Maxim zu Stjopka:

»Du nimmst dir das viel zu sehr zu Herzen, Bruder! Was passiert nicht alles in 'ner Familie. Und warum? Bloß wegen deines Komsomol! Laß endlich die Finger davon, in drei Teufels Namen! Wir haben ihn bis jetzt nicht gebraucht und werden auch künftig ohne ihn auskommen. Hast du hier was auszustehn, daß es dich dorthin treibt? Die Leute sagen dem Vater schon offen ins Gesicht: ›Euer Stjopka ist wohl Komsomoletz geworden, wie?‹ Der Alte muß sich ja für dich schämen ... Und wenn du mal heiraten willst, meinst du, irgend 'n Mädel läßt sich ohne kirchliche Trauung auf 'ne Ehe ein?«

Stjopka erwiderte nichts und ging auf den Hof hinaus. Am Abend suchte er den Klub auf und hing beim Kreischen des Harmoniums, das einst dem Popen gehört hatte, trübsinnig seinen Gedanken nach.

*

Rund um die Stanitza wurde es mit Macht Frühling. Schon zeigten sich auf den Wangen der Mädchen die ersten Tupfen von Sommersprossen. Die Weiden trieben dicke Knospen. Unversehens war der Schnee verschwunden. In der blauen Ferne dampfte und glänzte die Steppe unter den Strahlen der Sonne in türkisfarbenem Schmelz. In den Schluchten hielten sich zwar noch Reste schmutzigen Schnees, doch an den Hängen sprangen munter die Schafe umher, und die Kühe grasten gemächlich das junge, süß duftende Grün ab, das aus den trocknen, vorjährigen Büscheln sproßte.

Mitte März begann das Pflügen. Früher als alle anderen hatte Jakow Alexejewitsch die Unrast gepackt. Seit Fastnacht schon hatte er die Ochsen mit Mais gefüttert, damit sie gut bei Kräften wären. Noch hatte die Sonne nicht die Frühjahrsnässe aus der Erde gezogen, als er an einem Donnerstag vor Tagesanbruch mit den Söhnen zu den Feldern hinausfuhr.

Stjopka trieb die Ochsen an, und Maxim führte den Pflug. Zwei Tage verbrachten sie draußen, acht Werst vom Hause entfernt. Nachts fiel Frost und überzog das Gras mit Reif. Die gefrorene Erde taute erst gegen Mittag wieder auf, und das Vierergespann der Ochsen blieb nach zwei, drei Furchen stecken. Die schweißglänzenden Rücken der Tiere dampften, ihre Flanken zitterten. Maxim schielte, während er von den Stiefeln die festgebackene Erde abkratzte, zum Vater hinüber und krächzte mit erkälteter Stimme:

»Bei dir geht das immer so, Vater ... Nu, ist das noch Pflügen zu nennen? 'ne Schinderei ist das, aber kein Arbeiten! Wir machen bloß die Ochsen zuschanden ... Schau dich doch mal um, ob du sonst noch 'ne Seele beim Pflügen siehst?«

Jakow Alexejewitsch schabte mit einem Stöckchen die Pflugschar blank und brummte:

»Ein frühes Vögelchen wetzt den Schnabel, ein spätes aber reibt sich die Augen, sagen die Alten, und daraus kannst auch du noch was lernen!«

»Ach was, Vögelchen!« erwiderte Maxim ärgerlich. »Hol der Teufel dein Vögelchen! 's sät nicht, 's erntet nicht, und pflügen tut's bei so 'nem Wetter schon gar nicht. Du aber ... Nu, was soll man da noch groß sagen ...«, schloß er hustend.

»Macht schon weiter, habt lange genug verschnauft!«

»Was heißt: weitermachen ... Linksum kehrt und ab nach Hause!«

»Stjopka, los, vorwärts!«

Stjopka schwang die Peitsche. Zitternd, in allen Fugen knarrend, als sei er festgefroren, kroch der Pflug mühsam weiter und warf nur flache Schollen auf.

Seit dem Tage, da Stjopka Komsomoletz geworden war, klaffte zwischen ihm und der Familie ein Abgrund. Er wurde wie ein Aussätziger gemieden. Jakow Alexejewitsch sagte eines Tages zu ihm:

»'s wird wohl nun kein Einvernehmen mehr zwischen uns geben, Stjopka. Du bist für uns wie ein Fremder ... Du betest nicht mehr, hältst die Fasten nicht ein ... Neulich, als der Pope die Betstunde bei uns abhielt, hast du dich nicht beteiligt ... Ist das vielleicht 'ne Art? Die Leute wagen in deiner Gegenwart auf dem Hofe kaum noch das Maul aufzumachen ... Sitzt der Wurm im Holz, muß der Baum verdorren und absterben, wenn man nicht beizeiten etwas dagegen unternimmt. Soll er wieder gesunden, müssen die kranken Äste ohne Erbarmen abgehaun werden ... Auch in der Heiligen Schrift steht's so geschrieben ...«

»Ich weiß zwar nicht«, erwiderte Stjopka, »wo ich jetzt hingehen könnte, aber ich muß ja in diesem Jahr noch Soldat werden, und dann seid ihr mich los.«

»Wir wollen dich nicht aus dem Hause treiben, dein Benehmen aber muß anders werden! Was hast du dich in Versammlungen rumzudrücken! Bist hinter den Ohren noch nicht trocken und reißt das Maul wer weiß wie weit auf! Die Leute lachen mir deinetwegen ins Gesicht, du Heide!«

Der Alte konnte seine Erregung kaum noch unterdrücken. Sein Gesicht war beim Sprechen dunkel angelaufen. Stjopka erinnerte sich der Vorwürfe der Kameraden im Komsomol, als er die kalten

Augen des Alten sah. ›Bringe den Alten zur Vernunft‹, hatten die Kameraden gesagt, ›er plündert die Armen aus, wenn er sich im Frühjahr für 'n Butterbrot ihre landwirtschaftlichen Geräte ergaunert. 'ne Schande ist das!‹ Stjopka wurde schamrot bei dem Gedanken daran und empfand in seinem Herzen weder Liebe noch Mitleid für diesen raffgierigen Menschen, der sein Vater war.

Die Familie hatte sich von ihm wie hinter eine dicke, unüberwindbare Mauer zurückgezogen. Die anfängliche Bitterkeit über die Entfremdung steigerte sich allmählich zu Haß. Wenn Stjopka beim Mittagessen zufällig einmal aufsah, begegnete er den eisigen Blicken Maxims; wandte er die Augen dem Vater zu, bemerkte er unter dessen Lidern ein böses Funkeln. Auch die Mutter fing an, gleichgültig über ihn hinwegzusehen. Dem Burschen blieb das Essen im Halse stecken, und unwillkürlich stiegen ihm Tränen in die Augen. Er unterdrückte das aufsteigende Schluchzen, legte den Löffel hin und verließ das Haus.

Nachts hatte Stjopka jetzt oft ein und denselben Traum: Er soll am Fuße eines Sandhügels, irgendwo weit draußen in der Steppe, beerdigt werden; alle Anwesenden sind ihm fremd, kein Familienangehöriger weilt unter ihnen; auf dem Hügel dürres Steppengras und spitzblättriges Schlangenkraut; deutlich erkennt er jeden einzelnen Stengel, jedes Blättchen; auf seinen Leichnam, in die Grube geworfen, poltern Lehmklumpen nieder, ein schwerer, kalter Brocken trifft seine Brust, ein zweiter, ein dritter ... Und dann fährt Stjopka aus dem Schlaf, seine Zähne klappern, die Brust wird ihm eng, und in tiefen, hastigen Zügen holt er Luft ...

Die Arbeit ruht für eine kurze Spanne auf den Feldern. Menschenleer dehnt sich die Steppe. Nur in den Gemüsegärten bewegen sich die bunten Kopftücher der Frauen auf und ab. Von der Dämmerung zärtlich umschlungen, sinkt abends die Stanitza an der ausgedörrten Brust der Erde in Schlummer. Ziehharmonikamusik hallt bis an den Rand der Steppe, wo sie mit dem Dunkelblau des Himmels verschmilzt. Allmählich nahte die Zeit der Heuernte. Das

Gras reichte einem erwachsenen Manne bis an den Gürtel. Die Grannen des spitzköpfigen Hasengrases wurden hart. Die Blätter begannen zu gilben. Der Winterraps stand in vollem Saft, und in den Niederungen wucherte wild das Heer des Sauerampfers.

Jakow Alexejewitsch hatte vor allen anderen seinen Anteil an den Wiesen gemäht. Eines Nachts spannte er die Ochsen an und fuhr mit den Söhnen weit über die Grenzen der gemeinsamen Stanitzaländereien hinaus. Die Sterne verblaßten, der Himmel färbte sich aschgrau, und die Wachteln stimmten ihr morgendliches Lied an. Stjopka, der geschlafen hatte, hörte beim Erwachen die Mähmaschine rattern, die das taufeuchte Gras auf einer fremden Wiese schnitt.

Jakow Alexejewitsch hatte so viel Heu wie für zwei Winter eingefahren. Als vorausdenkender Mensch wußte er, daß sich für eine Last Heu gutes Geld oder statt barer Münze auch ein einjähriges Kalb einhandeln läßt, wenn im Vorfrühling bei den gespannlosen Bauern das Vieh vor Hunger zu krepieren droht. Böse Zungen behaupteten, er habe nächtlicherweile andrer Leute Heu geerntet. Doch wer nicht erwischt wird, ist kein Dieb. Wieviel Schlechtigkeit sagt nicht einer dem andern nach!

An einem Sonnabend – es war noch nicht hell – erschien Prochor Tokin auf dem Hofe Jakow Alexejewitschs. Lange drückte er sich an der Haustür herum, drehte die abgetragene Soldatenmütze zwischen den Händen und lächelte traurig und unterwürfig. ›Er will den Vater gewiß um die Ochsen bitten‹, dachte Stjopka. Prochors ausgemergelter Körper steckte in einer zerschlissenen Sackleinenhose, aus der die blutig verschrammten Füße hervorsahen. Seine tiefliegenden Augen glommen wie Kohle unter der Asche. Der Blick – wie toll vor Hunger und zugleich flehend.

»Hilf mir aus, Jakow Alexejewitsch, um Christi willen! Ich werd's abarbeiten kommen!«

»Wo drückt dich denn der Schuh?« fragte Jakow Alexejewitsch vom Bett her.

»Ich möchte dich für einen Tag um die Ochsen bitten. Das Heu muß eingefahren werden ... Morgen ist Sonntag, und da könnt' ich's holen ... Es wird mir sonst noch gestohlen.«

»Meine Ochsen geb' ich nicht aus der Hand.«

»Um Christi willen!«

»Spar dir die Worte, Prochor, ich geb' die Ochsen nicht her, sie sind zu arg mitgenommen.«

»Jakow Alexejewitsch, sei doch so gut ... Meine Familie ... Wie soll ich denn die Kuh durch den Winter bringen? Ich hab' geschuftet und geschuftet, hab' nicht mit der Sense gemäht, jeden Halm hab' ich einzeln mit der Hand gepflückt ...«

»Vater, gib ihm doch die Ochsen!« mischte sich Stjopka ein.

Prochor warf ihm einen dankbaren Blick zu und sah Jakow Alexejewitsch erwartungsvoll an. Plötzlich merkte Stjopka, daß Prochors Knie zitterten und daß er, um es zu verbergen, wie ein Pferd auf der Stelle trat. Stjopka fühlte Ekel in sich aufsteigen und wurde grau im Gesicht. Fast bellend sagte er:

»Gib ihm die Ochsen! Warum quälst du den Mann ...«

Jakow Alexejewitsch runzelte finster die Brauen.

»Hast du auch was zu melden? Wenn du dich schon so tüchtig für ihn ins Zeug legst, dann fahr du sein Heu am Sonntag ein. Meine Ochsen geb' ich jedenfalls nicht andern Leuten in die Hand!«

»Das werd' ich auch tun!«

»Nu, dann fahr!«

»Vielen Dank, Jakow Alexejewitsch!« Prochor verneigte sich tief.

»Mit dem Dank allein ist's nicht getan! Du kommst eine Woche zum Dreschen und arbeitest die Schuld ab!«

»Ja, Jakow Alexejewitsch.«

Am Sonntagmorgen klopfte der Dorfpolizist an die Fenster aller Wohnungen. Jakow Alexejewitsch trat vor die Tür.

»Was gibt's denn schon in aller Herrgottsfrühe?«

»Komm ins Schulhaus, wenn's hell wird. 'ne Versammlung.« Der Polizist knüpfte seinen Tabaksbeutel auf, feuchtete ein Stück Zeitungspapier an und fuhr mißmutig fort: »'n Statistiker ist eingetroffen und will die Aussaaten aufschreiben – wegen der Steuern . . . Das wär's. Leb wohl!«

Der Polizist stapfte schwerfällig davon und riß auf dem Wege zum Tor ein Schwefelhölzchen an. Jakow Alexejewitsch strich versonnen seinen Bart. Als Maxim mit den Ochsen von der Tränke kam, rief er ihn zu sich.

»Wart noch ein Weilchen, eh du Prochor die Ochsen gibst. 'n Aufschreiber ist da. Stjopka und ich werden hingehn. Er ist ja Komsomoletz, vielleicht kriegt er deswegen 'ne Ermäßigung. Soll er für nichts und wieder nichts die Stiefel seines Vaters abwetzen und sich in Klubs rumtreiben?«

Maxim, der die Ochsen sich selbst überlassen hatte und hastig herangekommen war, sagte:

»Sei vorsichtig und mach keine Dummheiten auf deine alten Tage! Gib statt zwanzig bloß sechs oder sieben Dessjatinen an . . .«

»Auf dich habe ich gerade gewartet, um mir so was beizubringen!« Jakow Alexejewitsch lächelte.

Während des Frühstücks wandte er sich ungewöhnlich freundlich an Stjopka und sagte:

»Du fährst das Heu mit Prochor erst gegen Abend ein. Jetzt ziehst du deine Sonntagshose an und gehst mit mir ins Schulhaus zur Versammlung.«

Stjopka erwiderte nichts und begleitete nach dem Frühstück, ohne etwas zu fragen, den Vater in die Versammlung. In der Schule – so viele Menschen wie Ähren in einem gesegneten Jahr auf einer Dessjatine. Endlich war Jakow Alexejewitsch an der Reihe. Der Statistiker, vom vielen Tabaksqualm grün im Gesicht, strich seinen rotbraunen Bart und fragte:

»Wieviel Dessjatinen hast du angesät?«

Jakow Alexejewitsch kniff die Augen zusammen und sagte nach einer kleinen Pause:

»Roggen – zwei Dessjatinen.« Er bog einen Finger seiner linken Hand um. »Hirse – eine Dessjatine.« Der zweite Finger knickte ein. »Weizen – vier Dessjatinen ...«

Jakow Alexejewitsch legte den dritten Finger um und blickte zur Decke empor, als rechne er nach. In der Menge kicherte jemand. Ein anderer hustete so laut, daß das Kichern darin unterging.

»Sieben Dessjatinen?« vergewisserte sich der Statistiker und klopfte nervös mit dem Bleistift auf die Tischplatte.

»Sieben«, wiederholte Jakow Alexejewitsch fest.

Stjopka, sich mit den Ellenbogen einen Weg bahnend, drängte sich zum Tisch vor.

»Genosse!« rief er mit halberstickter Stimme. »Genosse Statistiker, das ist ein Versehen ... Der Vater irrt sich ...«

»Wieso?« fragte Jakow Alexejewitsch, sich verfärbend.

»Du hast ein Stück Weizen vergessen ... Im ganzen sind's zwanzig Dessjatinen ...«

Murren und unruhiges Stimmengewirr im Raum. In den hinteren Reihen wurden Rufe laut.

»Richtig! ... Jakow lügt ... Drei mal sieben werden's wohl sein ...«

»Was soll das, Bürger! Warum machen Sie uns blauen Dunst vor?« Der Statistiker verzog ungehalten das Gesicht.

»Ich weiß auch nicht ... Hab' mich verrechnet ... Richtig, zwanzig sind's ... Jawohl ... Ach, mein Gott ... Nu sag mir einer bloß, wie man sich so irren kann ...«

Jakow Alexejewitschs Lippen zitterten. Seine Wangen liefen blaurot an. Betretenes Schweigen in der Runde. Der Vorsitzende flüsterte dem Statistiker etwas ins Ohr, und darauf wurde die 7 mit einem Rotstift durchgestrichen und eine dicke 20 darübergesetzt.

Stjopka rannte zu Prochor, und beide liefen eilig quer durch die Gärten zum Hofe Jakow Alexejewitschs.

»Schnell! Wenn der Vater heimkommt, gibt er dir sonst was, aber nicht die Ochsen!«

Sie zogen die Wagen aus dem Schuppen und schirrten die Ochsen an. Maxim, der unter der Haustür stand, rief:

»Ist die Aussaat aufgeschrieben?«

»Ja!«

»Nu, hat er dir eine Ermäßigung eingeräumt?«

Stjopka gab keine Antwort, weil er mit der Frage nichts anzufangen wußte. Schleunigst fuhren sie durch das Tor davon. Jakow Alexejewitsch kam fast im Laufschritt über den Platz. Schwupp! Die Peitsche ließ die Ochsen rascher traben. Die beiden Wagen schaukelten weich in die Steppe hinaus. Atemlos winkte Jakow Alexejewitsch mit der Mütze hinter ihnen her.

»Zu-rück-kom-men!« schrie er. Der Wind verwehte den heiseren Ruf.

»Guck dich nicht um!« rief Stjopka Prochor zu und gebrauchte eifrig die Peitsche.

Die Wagen verschwanden in einer Schlucht. Immer noch folgte ihnen aus der Stanitza, von Jakow Alexejewitschs stattlichem Hause, das heisere Brüllen.

»Zu-rück-kom-men! Hundesohn!«

Bei Einbruch der Dunkelheit erreichten sie die Wiesen mit Prochors Heuschobern. Sie spannten die Ochsen aus und ließen sie weiden, während sie das Heu auf die Wagen luden. Es war spät geworden, als sie fertig waren, und sie beschlossen, die Nacht in der Steppe zu verbringen und erst in der Frühe heimzufahren.

Prochor trat das Heu auf seinem Fuder fest und blieb zum Schlafen oben. Stjopka legte sich auf die Erde. Zum Schutz gegen den kühlen Nachttau zog er den Mantel über sich, sah zum sternbestickten Himmel empor und spähte von Zeit zu Zeit nach den Umrissen der Ochsen. Würzig duftete das Heu in der feuchten Dunkelheit, die Grillen zirpten laut, irgendwo schrie eine Eule. Ohne es gewahr zu werden, schlief Stjopka ein.

Prochor wurde als erster wach. Unbeholfen rutschte er von seinem Fuder zur Erde nieder und hielt, während er noch am Boden hockte, Ausschau nach den Ochsen. Dichte, violette Dunkelheit verhüllte die Sicht. Nebel lag über der Niederung. Die Deichsel des Großen Bären zeigte nach Westen. Nach ein paar Schritten stieß Prochor mit dem Fuß an den schlafenden Stjopka. Er zupfte ihn am Mantel. Wohltuend empfand er die Kühle des Taus, der sich auf dem Mantel niedergeschlagen hatte.

»Stjopka, wach auf! Die Ochsen sind weg!«

Sie suchten die Ochsen bis zum Abend. Sie durchstreiften die Steppe im Umkreis von zehn Werst, kletterten über Schluchten und hinterließen ihre Spuren in den blühenden ungemähten Gräsern der Niederungen.

Die Ochsen blieben wie vom Erdboden verschwunden. Gegen Abend kehrten beide zu den verwaist stehenden Wagen zurück, und Prochor sagte niedergeschlagen:

»Was nun?«

Seine Stimme klang hohl. Vor lauter Kummer fingen seine schrägstehenden Augen an zu blinzeln.

»Ich weiß auch nicht«, erwiderte Stjopka in dumpfer Ergebung.

Jakow sah zur Sonne empor, nieste und rief Maxim zu sich. »'s kann nicht anders sein, als daß einer der Wagen in 'ner Schlucht zusammengebrochen ist. Die Nacht steht vor der Tür, und sie sind noch immer nicht zurück. Wenn der verdammte Lümmel heimkommt, soll er einen Denkzettel kriegen, und keinen schlechten dazu ... Als Quittung für die Aussaaten ... Da hat er seinem Vater vielleicht 'nen Dienst erwiesen ... 'ne Schlange hab' ich großgezogen ... Spann die Stute an! Wir fahren ihnen entgegen ...«, schloß er, zorndunkel im Gesicht.

Von weitem schon sah Maxim Stjopka und Prochor reglos neben den Heufuhren sitzen.

»'s sieht aus, als ob die Ochsen nicht da wären, Vater ...«

Jakow Alexejewitsch legte die Hand über die Augen und spähte angestrengt zu den Wagen hinüber. Dann versetzte er der Stute einen derben Hieb, der Wagen holperte über die weglose Steppe. Maxim klatschte anfeuernd dem Pferd die Zügel auf den Rücken.

Der Wagen machte bei der vorderen Fuhre halt. Noch im Fahren sprang Maxim ab und lief zu Stjopka.

»Wo sind die Ochsen?«

»Verschwunden ...«

Maxim, außer sich vor Erregung, rief dem näher kommenden Vater zu:

»Die Ochsen sind weg, Vater ... Dein Sohn ... Zugrunde gerichtet haben sie uns, zu Bettlern haben sie uns gemacht ...«

Jakow Alexejewitsch streckte den bleichgewordenen Stjopka mit einem einzigen Hieb zu Boden.

»Ich bring' dich um ... Sag, du verdammter Hund – hast du die Ochsen verschachert? Die Käufer haben wohl hier auf euch gewartet ... Deshalb also warst du so versessen aufs Mitfahren ... Antworte!«

»Vater ... Vater ...«

Maxim schlug indessen auf Prochor ein. Er trat ihm die Stiefel in den Bauch, versetzte ihm Fußtritte gegen Brust und Kopf. Prochor schützte sein Gesicht mit den Händen und jammerte zum Gotterbarmen. Maxim riß die Heugabel aus dem Fuder, zerrte Prochor auf die Beine, seine Stimme sank zu einem leisen Flüstern herab:

»Gesteh schon! Habt ihr die Ochsen verkauft? War's so zwischen euch abgemacht?«

»Bruder ... Versündige dich nicht ...«

Prochor warf die Arme hoch. Aus seinem Munde sickerte Blut, blauschwarz und zähflüssig, tröpfelte auf die Brust nieder.

»Du willst's also nicht zugeben?« zischte Maxim.

Tränen stürzten Prochor übers Gesicht. Die Zinken der Gabel waren unterhalb des Herzens in die Brust eingedrungen. Die Wunde begann erst nach einem Weilchen zu bluten.

Stjopka wand sich unter den Fußtritten des Vaters, bäumte sich hoch, haschte nach dessen rotborstigen Händen mit den geschwollenen Adern, wollte sie küssen ...

»In die Herzgrube ...«, röchelte Jakow Alexejewitsch und trat wieder und wieder nach Stjopka, der sich im taufeuchten Grase krümmte.

Jakow Alexejewitsch lag auf der Heimfahrt mit dem Gesicht nach unten im Wagen. Bei jedem Schlagloch prallte sein Kopf dröhnend gegen die Bodenbretter. Maxim hatte die Zügel losgelassen und klopfte nicht sichtbaren Staub von seiner Hose. Kurz vor der Stanitza zischelte er dem Vater abgerissen zu: »Als wir hinkamen – da war'n sie schon tot ... Umgebracht – wahrscheinlich der Ochsen wegen ... Und die Ochsen – waren weg ...«

Jakow Alexejewitsch gab keine Antwort. Als sie zu Hause anlangten, war es dunkel. Axinja, Maxims Frau, stand wartend am Tor. Sie hatte einen selbstgenähten Leinenrock an. Sich den niederhängenden, schweren Bauch reibend – sie war schwanger – sagte sie in verdrossener Anteilnahme:

»Ihr habt die Stute umsonst abgehetzt ... Die Ochsen sind schon zurück. Die verdammten Luder haben von allein heimgefunden ... Wo ist Stjopka? Sucht er sie noch draußen in der Steppe?«

Gähnend, ohne eine Antwort abzuwarten, watschelte sie schwerfällig ins Haus.

Aljoschkas Herz

Zwei Sommer lang fraß Dürre die Felder kahl. Zwei Sommer lang blies der Ostwind seinen heißen Atem aus den kirgisischen Weiten herüber, brannte das büschelige Getreide rostrot, leckte die Augen der Bauern, die in die ausgezehrte Steppe hinaustraten, trocken und trank ihre wenigen bitteren Tränen. Und hinterdrein stelzte der Hunger. Aljoschka stellte sich ihn als riesengroßen Mann ohne Augen vor, der blind, ohne sich an irgendeinen Weg zu halten, mit den Händen nach Siedlungen, Weilern und Stanitzen tastet, mit würgendem Griff die Menschen packt und der jeden Augenblick auch sein – Aljoschkas – Herz zwischen den harten Fingern zerreiben kann.

Aljoschkas unförmiger Bauch hängt schlaff herab, seine Beine sind geschwollen ... Wenn er einen Finger in die blauroten Waden drückt, entsteht eine kleine weiße Vertiefung, über der sich nach kurzer Zeit die Haut blasig abhebt; die Druckstelle unterzieht sich mit Blut.

Die Haut an Aljoschkas Ohren und Nase, über den Backenknochen und am Kinn ist bis zum Zerreißen straff gespannt und trocken wie Kirschbaumrinde. Die Augen liegen so tief im Kopf, daß man nur zwei leere Höhlen wahrzunehmen meint. Aljoschka ist vierzehn Jahre alt. Schon seit fünf Monaten hat er kein Stück Brot mehr gesehen, und sein Leib ist vom Hunger aufgetrieben.

Eines Morgens in aller Frühe, als das blühende Sibirienkraut süß wie Honig duftete, die Bienen sich trunken auf den gelben Blüten wiegten und die klare Luft, vom Nachttau erfrischt, in der Stille zu klingen schien, schleppte sich Aljoschka ächzend zum Dorfgraben. Er brauchte lange, um über den Graben auf die andere Seite zu gelangen. Vor Freude schwindelte ihn, denn vor seinen blauen steifen Füßen lag das tote Körperchen eines Fohlens, das sich noch warm anfühlte.

In einem unbewachten Augenblick hatte der Dorfbulle, als das Vieh auf die Weide getrieben wurde, der trächtigen Stute vom Nachbarhof die Hörner in den Leib gerannt, und sie hatte gefohlt. Warm und feucht liegt das Fohlen am Zaun. Aljoschka hockt daneben, stützt sich auf die mageren Hände und lacht, lacht . . .

Aljoschka wollte das Fohlen hochheben, doch seine Kräfte reichten nicht aus. Er kroch nach Hause zurück, um ein Messer zu holen. Als er wieder beim Zaun ankam, hatten sich die Hunde um den Kadaver zusammengerottet und zerrten, sich gegenseitig anfallend, das rosafarbene Fleisch durch den Staub. Aljoschka entrang sich ein verzweifeltes A-a-ah. Mit dem Messer fuchtelnd, ging er stolpernd auf die Hunde los. Er sammelte auf, was übriggeblieben war, ließ selbst den dünnsten Darm nicht liegen und schleifte alles nach Hause.

Am Abend starb dann das schwarzäugige, jüngste Schwesterchen Aljoschkas; es hatte zuviel von dem faserigen Fohlenfleisch in sich hineingeschlungen. Die Mutter blieb lange mit dem Gesicht nach unten auf dem Lehmfußboden liegen. Als sie sich endlich erhob, sagte sie mit aschgrauen Lippen zu Aljoschka:

»Nimm du die Beine . . .«

Aljoschka ergriff die Füße seines Schwesterchens, während die Mutter das Lockenköpfchen hochhob. Gemeinsam trugen sie die kleine Leiche zu einer Grube im Garten, legten sie hinein und deckten Erde darüber.

Am nächsten Tage traf Aljoschka, als er über die Straße wankte, den Jungen vom Nachbarhofe. Der Junge bohrte mit den Fingern in der Nase, blickte zur Seite und sagte:

»Ljoschka, unsere Stute hat gefohlt, und die Hunde haben das Fohlen zerfleddert . . .«

Aljoschka lehnte sich gegen ein Tor und erwiderte nichts. Der Junge fuhr fort:

»Und eure Njuratka haben die Hunde auch ausgescharrt und sich über sie hergemacht . . .«

Stumm wandte sich Aljoschka ab und schlurfte fort, ohne sich umzublicken. Der Junge hüpfte auf einem Bein und schrie hinter ihm her:

»Unsere Mutter hat gesagt, daß alle, die ohne Popen und nicht auf dem Friedhof begraben werden, in der Hölle von den Teufeln geröstet werden ... Hast du gehört, Ljoschka?«

Eine Woche später. Aljoschkas Gaumen war vereitert. Wenn er vor lauter Heißhunger an einem Stück Korkulmenrinde knabberte, wackelten die Zähne. Krämpfe schnürten ihm die Kehle zu.

Die Mutter, die schon seit Tagen nicht mehr aufstehen konnte, sagte erschöpft:

»Ljonja ... geh ... in den Garten ... und pflück Löwenzahn ...«

Aljoschka betrachtete mißtrauisch seine schwachen Beine und rollte sich auf den Rücken. Seine Lippen schmerzten beim Sprechen, und schleppend entgegnete er:

»Ich werde kaum bis in den Garten kommen, Mamanjka ... Ich kann mich gegen den Wind nicht auf den Beinen halten ...«

Am selben Tag sah Poljka, Aljoschkas ältere Schwester, daß die reiche Nachbarin, allgemein, nur ›die Makartschicha‹ genannt, Unkraut jäten ging. Ihr Gemüsegarten lag am andern Flußufer. Poljka folgte dem gelben Kopftuch der Bäuerin mit den Augen und kletterte dann durch das Fenster in deren Kate. Sie stieg auf die Ofenbank und nahm den Topf mit der Fastensuppe aus der Röhre, schlürfte die Suppe aus und angelte die im Topf gebliebenen Kartoffelstücke mit den Fingern heraus. Vom Essen schläfrig geworden, ließ sie sich nieder und nickte ein. – Am Mittag, als die Makartschicha heimkam, fand sie Poljka schlafend vor dem Ofen liegen. Zeternd und kreischend fuhr sie Poljka mit einer Hand in die Haare, ergriff mit der anderen die eiserne Plätte, schwang sie in der Faust und schlug auf den Kopf, das Gesicht und die hohl klingende Brust des Mädchens ein.

Aljoschka beobachtete vom mütterlichen Hofe aus, wie die Makartschicha aus ihrem Hause kam, nach allen Seiten spähte und

Poljka an den Beinen über die Treppe herunterschleifte. Der Rock war Poljka über den Kopf gerutscht, die Haare fegten durch den Staub, und auf dem Hofe blieb eine blutige Spur zurück.

Mit entsetzt aufgerissenen Augen starrte Aljoschka durch den Staketenzaun und sah, daß die Makartschicha seine Schwester zu einem alten, halbverschütteten Brunnen schleppte, sie hineinstieß und hastig Erde hinterherwarf.

Im Garten riecht es nachts nach feuchter Erde, nach blühenden Brennesseln und Hundskraut. Am baufälligen Zaun bewachen Kletten den Pfad. Aljoschka schlich durch den Garten und lugte zum Hof der Makartschicha hinüber. Sein Blick glitt über die Marienglasfenster und das vom Mondlicht umflutete Laub der Bäume. Vorsichtig tappte er zum Hoftor der Makartschicha. Der Hund, der bei der Scheune angebunden war, schlug an und rasselte mit der Kette.

»Sergo ... Sergo ...«, flüsterte Aljoschka und pfiff leise. Der Hund beruhigte sich.

Aljoschka benutzte jedoch nicht das Tor, sondern kletterte über den Zaun, tastete sich kriechend bis zur Kellertür vor, die mit Steppengras und Reisig zugedeckt war. Lauschend blieb er ein Weilchen liegen und versuchte dann, die Falltür aufzumachen. Sie war nicht abgeschlossen. Er hob sie hoch und rutschte die Stufen hinunter, ohne gemerkt zu haben, daß die Makartschicha aus der Küche herausgekommen war. Ihr Nachthemd zusammenraffend, eilte sie in Sprüngen zu einem Wagen, der auf dem Hofe stand, zog den Kuppelbolzen heraus und lief zum Keller. Als sie ihren Kopf mit den zerzausten Haaren in den Kellereingang schob, merkte Aljoschka noch immer nichts. Er hielt die Augen geschlossen und leerte gierig einen Krug Milch, indessen sein Herz aufgeregt klopfte.

»Ha, du Schweinehund! Was machst du denn hier, du verdammter Saukerl!«

Der Milchkrug, plötzlich unheimlich schwer, entglitt Aljoschkas

Fingern und zerschellte auf der Kellertreppe in tausend Scherben. Wie ein Sack ließ sich die Makartschicha in den Keller niederplumpsen.

Ohne Mühe zog sie Aljoschka bei den Schultern die Treppe hoch, trug ihn stumm und mit aufeinandergepreßten Lippen zur Straße und dann am Zaun entlang bis zu dem Flüßchen, wo sie den willenlosen Körper in den Uferschlamm warf.

Der nächste Tag war ein Feiertag, Pfingsten. Die Dielen im Hause der Makartschicha sind mit Quendel und Rispenfarn bestreut. Schon am frühen Morgen hatte die Bäuerin die Kuh gemolken und sie auf die Weide getrieben, hatte ein geblümtes, frisches Kopftuch umgebunden und war zu Aljoschkas Mutter gegangen.

Die Haustür steht offen. Aus der ungefegten Stube dringt ein Geruch wie von Aas. Die Makartschicha trat ein. Aljoschkas Mutter liegt zusammengekrümmt im Bett und hält mit einer Hand die Augen zu. Andächtig bekreuzigte sich die Makartschicha vor dem verräucherten Heiligenbild.

»Guten Tag, Anissimowna!«

Stille. Anissimownas offener Mund ist verzerrt. Fliegen auf ihren Wangen, Gesumm in der Mundhöhle. Die Makartschicha näherte sich dem Bett.

»Du schläfst ziemlich lange, meine Liebe . . . Ich bin eigentlich bloß herübergekommen, um zu fragen, ob du nicht deine Kate verkaufen willst. Du weißt ja, ich habe eine heiratsfähige Tochter und will einen Schwiegersohn ins Haus nehmen . . . Ja, schläfst du denn immer noch?«

Sie berührte die Hand und – verbrannte sich an der stechenden Kälte. Sie stieß einen entsetzten Schrei aus und wollte vor der Toten davonrennen, doch da steht Aljoschka in der Tür, weißer als Kreide. Er hält sich am Pfosten fest und ist über und über mit Schlamm und Blut bedeckt.

»Ich leb' noch, Tante . . . Schlag mich nicht ganz tot . . . 's geht sowieso zu Ende mit mir . . .«

Kurz vorm Dunkelwerden kroch Aljoschka wie ein Schatten durch den staubigen Dunst der Straße bei der Kircheneinfriedung und schlich über den Dorfplatz weiter. Unter den düsteren Akazien vor der Schule begegnete er dem Popen, der aus der Kirche kam und gebeugt einen Sack mit Piroggen und Salzfleisch schleppte.

Mit verzerrten Lippen krächzte Aljoschka:

»Um Christi Barmherzigkeit willen ...«

»Gott wird geben!« wehrte ihn der Pope ab und stolperte weiter. Die langen Schöße seines Priesterrockes verfingen sich zwischen den Beinen.

In den Steinscheunen und Speichern am Flüßchen lagert Getreide ... Im Hof ein Haus mit Blechdach. Das Kontor des Don-Prodkom* Nr. 32. Unter dem Vordach eine Feldküche, zweirädrige Munitionskarren. Vor den Speichern Schritte, aufgepflanzte Bajonette – die Wache.

Aljoschka wartete, bis der Posten kehrtmachte, und kroch unter den Speicher. Schon am Morgen hatte er gesehen, daß durch die Ritzen Körner gerieselt waren. Er schob eine Handvoll in den Mund und begann gierig zu kauen. Eine Stimme hinter ihm ließ ihn zusammenfahren.

»Wer steckt da drunter?«

»Ich ...«

»Wie heißt du?«

»Aljoschka.«

»Nu, komm vor!«

Aljoschka kroch unter dem Speicher hervor, kniff die Augen ein und bedeckte das Gesicht mit den Händen, denn er erwartete nichts anderes als Schläge. So verging eine geraume Weile. Dann sagte die Stimme, und sie klang gutmütig:

»Komm mit, Aljoschka! Ich hab' gekochten Weizen ...«

Aljoschka erblickte über einer Hakennase eine dunkle Brille und nahm ein Lächeln wahr, das nichts Böses an sich hatte. Der Mann

* Verpflegungskommissariat

mit der Brille stelzte langbeinig davon, und Aljoschka humpelte hastig hinter ihm her, stolpernd und fallend. Die zweite Tür rechts im Hause, durch die sie eintraten, trägt die Aufschrift ›Politkom* Sinitzyn‹. Der Mann mit der Brille zündete eine Petroleumlampe an, setzte sich mit gespreizten Beinen auf einen Hocker und schob Aljoschka einen Topf mit gekochtem Weizen und eine Flasche Sonnenblumenöl vor die Nase. Aljoschka fing mit mahlenden Kiefern an zu kauen, und der Mann sah ihm zu. Nach einer Weile stand der Bebrillte auf und nahm den Topf weg. Aljoschka umklammerte ihn mit seinen warzigen Fingern, um ihn festzuhalten. Er schluchzte, und vor Erregung wackelte ihm der Kopf.

»Tut's dir um die paar Körner leid, alter Geizkragen?«

»Nein, durchaus nicht, du Dummkopf, aber du überfrißt dich und krepierst hernach!«

Am andern Morgen erschien Aljoschka schon vor dem Hellwerden im Hofe des Prodkom. Er setzte sich auf die schadhafte Treppe, seine Zähne klapperten, und er wartete, daß sich die Tür mit der Aufschrift ›Politkom Sinitzyn‹ bei Sonnenaufgang öffne.

Die Sonne stand schon über den Speichern, als der Mann mit der Brille endlich aufwachte. Er trat vors Haus und rümpfte schnuppernd die Nase.

»Bist du das, Aljoschka, der solchen Gestank verbreitet?«

»Ich möchte gern etwas zu essen ...«, erwiderte Aljoschka und sah den Mann mit der Brille von unten herauf an.

»Wir kochen gleich einen Brei, aber – du stinkst fürchterlich, Aljoschka Popowitsch.«

Als handele es sich um die selbstverständlichste Sache, entgegnete Aljoschka:

»Die Makartschicha wollte mich totschlagen, und bei der Hitze hab' ich Maden in die Wunde gekriegt ...«

»Maden in die Wunde?«

»Ja, auf dem Kopf ... Sie beißen ...«

* Politischer Kommissar

Aljoschka entfernte ein blutverkrustetes Knäuel Hanf vom Kopf, und der Mann mit der Brille sah sich die Wunde an. Er stöhnte und mußte sich über das Treppengeländer beugen, als er die weißen Maden in dem Blutwasser entdeckte.

»Weißt du was ... Nimm ein Holzstäbchen und hol sie raus ... Und wenn du nachher 'n bißchen Petroleum reingießt ... Die Maden krepieren doch von Petroleum?«

Der Mann mit der Brille schnippte mit einem angespitzten Hölzchen die sich windenden Maden aus der Wunde; Aljoschka wimmerte und krümmte sich vor Schmerz. Von diesem Tage an bestand eine innige Freundschaft zwischen den beiden. Aljoschka erschien jeden Tag im Kontor, stopfte Haferbrei, der in einem Napf bereitstand, in sich hinein und schluckte Öl dazu; er aß viel und gierig, und immer ruhte währenddessen der freundliche, prüfende Blick auf ihm.

Jenseits des Viehweges, hinter der rauschenden Wand grüner Maisstauden, verblühte der Roggen. Die Ähren setzten dicke, milchigweiße Körner an. Aljoschka brachte jeden Morgen die Pferde des Prodkom durch die Kornfelder zur Weide. Ohne sie zu koppeln, ließ er sie an den Hängen weiden, wo Wermut und wirres graues Hafergras gediehen, und kroch selbst in ein Ährenfeld hinein. Die hohen Roggenhalme wichen einladend zur Seite und machten ihm Platz. Behutsam, damit die Halme nicht knickten, legte er sich auf den Rücken, rieb zwischen seinen Handflächen die weichen duftenden Körner aus den Ähren und aß so lange davon, bis ihm übel wurde.

Als er eines Tages die Pferde in die Steppe hinausgebracht hatte, ließ ihn eine störrische Stute lange nicht an sich heran; er wollte die Kletten aus ihrer Mähne pflücken und den angetrockneten Mist von den Flanken kratzen. Die Stute bleckte die schwarzrandigen Zähne, biß und schlug aus. Nachdem er endlich an sie herangekommen war, hörte er plötzlich eine Stimme hinter sich.

»He, Aljoschka! Hast lange genug rumgebummelt – komm als

Knecht auf meinen Hof . . . Ich geb' dir satt zu essen, und für die Füße wird sich wohl auch was finden.«

Aljoschka ließ die Stute los und blickte sich um. Iwan Alexejew, der reichste Bauer des Dorfes, steht hinter ihm.

»Nu, wie ist's? 's gibt gutes Essen bei mir, anständiges . . . Und Milch . . .«

Aljoschka überlegte nicht lange und war froh, in Arbeit und Brot zu kommen.

»Ja, Iwan Alexejew«, stimmte er zu.

»Nu, dann finde dich heute abend ein und bring gleich deine Habseligkeiten mit!«

Und Iwan Alexejew ging durch das Maisfeld davon.

Dem Armen genügt ein Gürtel als Anzug. Aljoschka stand allein in der Welt; sein einziger Besitz waren Steine. Alles Hab und Gut war schon vor dem Tode der Mutter veräußert worden, die Kate für neun Handvoll Mehl, der Stall für Hirse. Die Wiese hatte Makartschicha für einen Krug Milch bekommen. Aljoschkas ganzer Reichtum war der vom Vater geerbte Kittel und die abgetragenen Filzstiefel der Mutter.

Am Abend, als die Herde eingetrieben wurde, erschien Aljoschka auf Iwan Alexejews Hof. Die Bäuerin hatte eine grobe Leinwand neben der Sommerküche auf die Erde gebreitet, um die sich die Familie zum Abendessen niederließ. Duft gekochten Hammelfleisches stieg Aljoschka in die Nase. Seinen Speichel hinunterschluckend, stellte er sich in der Nähe auf, drehte die Mütze in den Händen und dachte: ›Wenn mir die Bäuerin doch was zu essen gäbe . . .‹ Die Frau aber hantierte nur grimmig mit ihren Töpfen.

»Da hast du ja noch einen Fresser mehr herbeigeschleppt! Das könn'n wir uns bei den schlechten Zeiten nicht leisten. Bei Gott, Alexejewitsch, jag'n zum Teufel! Der wird sich nich mal das Salz zur Suppe verdien'n!«

»Halt's Maul, Weib!« herrschte Iwan Alexejew sie an und fuhr mit dem Ärmel über den Bart. »'s gibt immer zwei Schüsseln – also wart's ab!« Und damit hatte es sein Bewenden.

Es war nicht das erstemal in seinem Leben, daß Aljoschka arbeiten mußte. Er war wie sein Vater geradezu auf Arbeit erpicht und hatte sich schon mit sieben Jahren als Ochsentreiber verdingt.

Drei Tage – und er hatte sich eingewöhnt. Er war mit der Schwiegertochter des Bauern zur Mühle gefahren und hatte auf den Wiesen das Heu aufgesetzt. Sein Nachtlager richtete er sich unter dem Vordach ein. Gleich in der ersten Nacht kam der Bauer, dessen Atem nach Zwiebel stank, zu ihm und sagte:

»Wenn du Hundesohn dir einfallen läßt, hier draußen zu rauchen, dann brech' ich dir eigenhändig das Genick! Kapiert?«

»Onkelchen, ich rauche überhaupt nicht . . .«

Der Bauer entfernte sich, Aljoschka aber konnte keinen Schlaf finden. Obwohl seine Glieder von der schweren Feldarbeit schmerzten, schlief er auch in der zweiten Nacht nicht. Am Morgen des dritten Tages lief er in der Frühe zum Prodkom. Der Mann mit Brille wusch sich gerade vor der Haustür, prustete und schnaufte.

»Wo hast du denn so lange gesteckt, Alexei?« fragte er.

»Ich hab' ne Stelle als Knecht gefunden . . .«

»Wo?«

»Bei Iwan Alexejew, der den Hof am Dorfende hat.«

»Nu, Bruder, komm heute abend mal her! Wir müssen uns ein bißchen darüber unterhalten.«

Als Aljoschka am Abend das Vieh getränkt hatte, suchte er das Kontor auf. Der Mann mit der Brille blätterte in einem Buche.

»Kannst du lesen und schreiben, Alexei?«

»Ich bin in die Gemeindeschule gegangen. Meinen Namen krieg' ich schon hin.«

»Dann komm mal mit!«

Sie gingen zu einer Tür, die mit Kreide beschriftet war. Aljoschka entzifferte die Schrift und las: RKSM-Klub. Der Mann mit der Brille machte die Tür auf und ging hinein. Aljoschka folgte ihm zaghaft. An den Wänden des kleinen Raumes hingen Porträts und eine ausgeblichene rote Fahne. Darunter saß eine Reihe Jungen, von denen Aljoschka einige kannte. Einer las laut etwas aus einem Buche vor. Alle blickten kurz auf, beugten die Köpfe wieder über den Tisch und hörten weiter zu. Und auch Aljoschka begann zuzuhören. Es wurde erläutert, nach welchen Grundsätzen Arbeiter einzustellen und zu beschäftigen seien und noch andere Dinge ähnlicher Art. Erst gegen Mitternacht verließ Aljoschka den Klub und lief nach Hause.

Schlaflos drehte er sich wieder von einer Seite auf die andere, und die Mondsichel stach ihm bis zum Hellwerden frech in die Augen.

Eines Tages sagte Iwan Alexejew zu Aljoschka:

»Paß mir auf, Hundesohn, daß dir die Arbeit 'n bißchen flott von der Hand geht ... Wenn ich merken sollte, daß du rumfaulenzt, jag' ich dich zu allen Teufeln ... Dann verrecke meinethalben auf der Landstraße ...«

Aljoschka mäht, drischt, versorgt das Vieh, und Iwan Alexejew, die Hände hinter dem Gürtel, spaziert lächelnd umher.

An einem Sonntag redete einmal ein Nachbar Iwan Alexejew an und sagte:

»Gott zum Gruß, Iwan Alexejew, wie geht's?«

»Gott sei bedankt, 's geht!«

»Sag, hast du eigentlich überhaupt kein Gewissen mehr?«

»Wieso? Was ist los?«

»Nu, 's ist nicht gut, was du tust ... Ljoschka muß bei dir wie ein Gaul arbeiten ... Der Bengel schuftet sich noch zu Tode bei dir ... Die Sünde wird auf deine Seele fallen ...«

»Kümmere dich um deinen eignen Kram, Nachbar! Was geht dich mein Hof an! Scher dich zum Teufel ...«

Iwan Alexejew ließ den Nachbarn stehen und stolzierte würdevoll davon. Hinter der Scheunenecke biß er sich ärgerlich auf die Lippen und begann unflätig zu schimpfen, unterdrückte jedoch alsbald seinen Zorn, um sich bei passender Gelegenheit Luft zu machen. Von da an rächte er sich an dem armen, pferdelosen

Nachbarn, wo er nur konnte. Er fing dessen Kuh auf seinem Felde ein und hielt sie zwei Tage in seinem Stall angebunden, ohne ihr etwas zu fressen zu geben. Aljoschka aber halste er noch mehr Arbeit auf und schurigelte ihn wegen jeder Kleinigkeit.

Aljoschka dachte daran, sich bei dem Mann mit der Brille zu beklagen, fürchtete aber, daß ihn Iwan Alexejew fortjagen würde, und schwieg. Bittere Tränen netzten sein Lager während der Nächte, die kurz und schwül waren.

An den Abenden schlich er, sobald das Vieh getränkt war, an den Zäunen entlang zum Klub. Jedesmal sah er dort den Mann mit der Brille, der lächelnd über seine dunklen Gläser blickte und ihm freundschaftlich den Rücken klopfte. An einem Sonntag, als Aljoschka vor Tagesanbruch im Klub erschien, war das kleine Zimmer voller Leute. Alle hatten Gewehre bei sich. Der Mann mit der Brille trug eine Pistole; an seinem Koppel hing ein glänzender Gegenstand, der mit einem Lederriemen daran befestigt war und wie eine Flasche aussah. Als er Aljoschka bemerkte, sagte er lächelnd:

»Unsern Kreis hat eine Bande überfallen, Alexei. Sobald sie die Stanitza besetzt, komm auch du her und hilf sie verteidigen.«

Aljoschka wollte fragen, was eigentlich vor sich gehe, wagte es aber in Gegenwart der vielen Menschen nicht. Am andern Morgen – Aljoschka ölte die Mähmaschine – trat der Bauer aus dem Hause und kam auf ihn zu. Aljoschka durchfuhr ein kalter Schauer. Der Bauer blickte finster drein und zupfte unwirsch seinen Bart. Aljoschka war sich keiner Schuld bewußt, hatte aber dennoch Angst, weil der Bauer gewöhnlich schnell mit Schlägen bei der Hand war.

Der Bauer näherte sich der Mähmaschine und fragte:

»Wo treibst du dich in der Nacht rum, Schlangenbrut?«

Aljoschka gab keine Antwort, doch die Hand mit der Ölkanne zitterte.

»Wo du dich rumtreibst, hab' ich gefragt!«

»Im Klub.«

»Aah – im Klub! Hast auch du schon davon gekostet, Satansbraten?«

Die gelbborstigen Fäuste des Bauern sind hart wie Eisen. Sie trafen Aljoschka am Hinterkopf, daß er mit der Brust auf die Mähmaschine fiel und feurige Funken vor seinen Augen tanzen sah.

»Ich werd' dir das Rumtreiben schon beibringen! Wenn's dir hier nicht paßt, dann scher dich zum Teufel und mach, daß du von meinem Hofe fortkommst!«

Der Bauer spannte die Pferde vor den Mäher und schimpfte laut.

»Um Christi willen hab' ich ihn aufgenommen, und er treibt sich bei diesen Kanaillen rum, und wenn mal andre an die Macht kommen, muß ich seinetwegen noch ins Mauseloch kriechen ... Nu, geh bloß noch einmal hin, dann werd' ich dir das schon gehörig anstreichen!«

Aljoschkas große Zähne stehen weit auseinander, sein Herz ist ohne Arg, und noch nie hat er jemandem böse sein können. Seine Mutter pflegte zu sagen: ›Ach, Ljoschka, was wirst du bloß anfangen, wenn ich nicht mehr bin! Selbst die Küken werden dich in den Mist scharren. Ganz wie dein Vater ... Den haben sie im Bergwerk zu Tode gehetzt ... Überall mußte er den Notnagel machen ... Schon jetzt hacken alle Kinder auf dir rum, was soll da bloß erst später werden ...‹

Wie hätte Aljoschkas gutmütiges Herz dem Bauern, der ihm das tägliche Brot gibt, grollen sollen! – Er raffte sich zusammen und erhob sich, doch der Bauer schlug erneut auf ihn ein, weil beim Hinfallen Öl aus dem Kännchen gelaufen war. Der Tag verging recht und schlecht. Am Abend kroch Aljoschka unter seine Leinwanddecke und barg den Kopf im Kissen ... Es war noch nicht hell, als er wach wurde. Auf der Straße Hufschlag, der vor dem Tor verstummt. Das Hoftor wird aufgemacht, Schritte, Klopfen am Fenster. Ein leises, halb geflüstertes ›Bauer‹!

Aljoschka spitzt die Ohren. Die Haustür knarrt, Iwan Alexejew tritt vors Haus. Gedämpftes, anhaltendes Stimmengemurmel.

»Die Gäule brauchen Futter ...«, klang es bis zu Aljoschka herüber. Er hob ein wenig den Kopf und sah, daß zwei Männer in Reitermänteln gesattelte Pferde auf den Hof führten und anbanden.

Der Bauer begab sich mit einem der beiden zur Tenne. Als er an Aljoschkas Lager vorbeikam, zischte er:

»Schläfst du, Aljoschka?«

Aljoschka stellte sich schlafend und schnarchte leise, paßte aber genau auf.

»Mein Knecht hat hier sein Lager . . .'n Unzuverlässiger . . .«

Fünf Minuten später kehrte der Bauer mit einer Last Heu zurück. Der Fremde ging hinter ihm; leise klirrte sein Säbel. Aljoschka hörte eine belegte Stimme fragen:

»Haben sie auch Maschinengewehre?«

»Woher denn! Zwei Züge Roter im Prodkom – das ist alles. Nu, und dann noch der Politkom, der Wiegemeister.«

»Wir stellen uns morgen um Mitternacht ein . . . Halten uns schon die ganze Zeit im Staatswald auf . . . Wenn es uns gelingt, sie zu überrumpeln, machen wir sie alle kalt . . .«

Vor dem Hause wieherte ein Pferd, und der Fremde im Reitermantel fluchte ärgerlich: ›Verdammtes Biest!‹ Das Klatschen eines Schlages, Geklapper tänzelnder Hufe.

Beim ersten Morgengrauen verließen zwei Reiter Iwan Alexejews Hof und ritten in scharfem Trabe durch die sich lichtende Dunkelheit dem Staatswald zu.

Aljoschka nahm beim Frühstück so gut wie nichts zu sich und hielt den Blick gesenkt. Der Bauer schielte argwöhnisch zu ihm hinüber.

»Warum ißt du nicht?«

»Mir tut der Kopf weh.«

Aljoschka vermochte kaum das Ende des Frühstücks abzuwarten. Dann schlich er zur Tenne, kletterte über den Zaun und rannte zum Prodkom. Wie ein Wirbelwind drang er in das Zimmer seines Freundes ein, warf die Tür hinter sich zu und lehnte sich atemlos dagegen, beide Hände aus Herz pressend.

»Was ist los, Aljoschka?«

Stammelnd berichtete Aljoschka über den nächtlichen Besuch der Reiter und die aufgefangenen Gesprächsfetzen. Stumm hörte ihn der Mann mit der Brille an. Dann stand er auf und sagte freundlich, indem er den Raum verließ:

»Warte hier . . .«

Fast eine halbe Stunde verging bis zu seiner Rückkehr. Zornig stieß eine Wespe immer wieder gegen die Fensterscheibe und summte; auf den Dielen lag eine Streifen Sonnenlicht. Als Aljoschka draußen Stimmen hörte, blickte er zum Fenster hinaus. Vor dem Hause standen der Mann mit der Brille und zwischen zwei Soldaten Iwan Alexejew, dessen Bart und Lippen bebten.

»Nichts als Rache . . . Schwarze Rache ist das . . .«

»Das wird sich schon noch zeigen . . .«

Noch nie hat Aljoschka den Mann mit der Brille so wie jetzt gesehen: die Brauen über der Nasenwurzel zusammengezogen, die Augen hinter den Brillengläsern hart und blitzend.

Der Mann mit der Brille schloß einen Speicher auf, trat zurück und kommandierte mit barscher Stimme:

»Hinein!«

Aljoschkas Bauer mußte sich bücken, als er durch die Tür schritt, die hinter ihm zuschlug.

»Nu, aufgepaßt! Erst so – dann so, eins – zwei, und die Hülse fliegt raus . . . Der Ladestreifen wird her eingeschoben . . .«

Das Gewehrschloß knackt unter dem Griff des Mannes mit der Brille, der Aljoschka freundlich anblickt.

Nächtliche Dunkelheit über der Stanitza, zäh wie eine Pfütze Wagenschmiere. Auf dem Platz vor der Kircheneinfriedung eine Kette Rotarmisten. Aljoschka neben dem Mann mit der Brille. Der Riemen an Aljoschkas Gewehr riecht kräftig nach Leder. Am Kolben hat sich Tau niedergeschlagen.

Gegen Mitternacht schlug beim Friedhof, am Rande der Stanitza, ein Hund an und dann noch einer. In Abständen hartes Getrappel von Hufen. Der Mann mit der Brille, in Kniestellung gehend, richtete sein Gewehr auf das Ende der Straße und rief:

»Feuer!«

Ta-ack . . . tack, tack . . .

Hinter den Zäunen belferte das Echo: . . . ack . . . ack, . . . ack

Wieder und wieder riß Aljoschka sein Gewehrschloß auf, und noch einmal vernahm er das rauhe ›Feuer‹! Am Ende der breiten Straße Fluchen, Schüsse, wildes Pferdegeschrei. Aljoschka hört eine Kugel über seinen Kopf pfeifen. Gleich darauf klatscht eine zweite über ihm gegen das Gemäuer. Steinsplitter regnen herab. Am Ende der Straße nur noch vereinzeltes Mündungsfeuer, rasch verhallende Hufschläge. Der Mann mit der Brille sprang federnd auf die Beine und schrie:

»Mir nach!«

Sie stürmten die Straße entlang. In Aljoschkas Munde trockene Bitterkeit. Die Brust war ihm eng. Am Dorfausgang stolperte der Mann mit der Brille über ein totes Pferd und stürzte zu Boden. Aljoschka, der sich in seiner Nähe befand, sah zwei Gestalten über den Staketenzaun springen und über den Hof rennen. Eine Tür schlug zu, der Riegel knarrte.

»Da sind welche! Zwei sind in die Kate geflüchtet!« rief Aljoschka seinem Freunde zu.

Der Mann mit der Brille kam herangehinkt. Die Rotarmisten umstellten den Hof, zogen sich im Schutze der Friedhofsmauer auseinander, duckten sich in die Johannisbeersträucher im Garten und in den Dorfgraben. Anfangs Schüsse aus den Fenstern, die mit Kissen zugestopft sind, heisere Flüche, dann Stille.

Der Mann mit der Brille und Aljoschka lagen nebeneinander. Als die feuchte Finsternis sich zusammenballte und durch den Garten davonkroch, rief der Mann mit der Brille, ohne den Kopf hochzunehmen, zur Kate hinüber:

»He, ihr da drin, ergebt euch! Sonst räuchern wir euch mit Handgranaten aus!«

Aus der Kate zwei Schüsse. Der Mann mit der Brille gab mit der Hand ein Zeichen.

»Auf die Fenster – Feuer!«

Eine trocken krachende Salve. Dann noch eine und noch eine. Selten ein Schuß aus der Kate, und jedesmal aus einem anderen Fenster.

»Aljoschka, du bist kleiner als ich ... Kriech den Graben entlang bis zur Scheune und pfeffere die Handgranate vor die Haustür ... Sonst dauert das hier noch lange ... Du mußt den Ring abziehen und sie in derselben Sekunde rüberschmeißen ...«

Der Mann mit der Brille machte das flaschenähnliche Ding von dem Riemen an seinem Koppel los und drückte es Aljoschka in die Hand.

Aljoschka, sich an die Erde pressend, kroch in den Graben. Das Unkraut über ihm am Grabenende wurde von Kugeln niedergemäht, kühler Tau sprühte auf ihn herab. Er schob sich bis zur Scheune vor, zog den Ring ab und holte zum Wurf aus ... Da öffnete sich knarrend die Tür, und auf der Schwelle erschienen zwei Männer. Der vordere hielt ein Mädchen, das vier Jahre alt sein mochte, in den Armen. Das Kinderhemdchen leuchtete weiß im Grau des Morgens. Dem anderen Manne rann Blut aus der zerfetzten Kosakenhose; er legte den Kopf zur Seite und klammerte sich an den Türrahmen.

»Nicht schießen! Das Kind! Wir ergeben uns!«

Aljoschka sah eine Frau aus der Kate stürzen, die schreiend und händeringend sich vor das Kind warf. Er blickte zurück, der Mann mit der Brille, kalkweiß im Gesicht, hatte sich auf die Knie erhoben.

Aljoschkas Zähne stehen weit auseinander. Wer solche Zähne hat, pflegte seine Mutter zu sagen, hat ein weiches Herz. – Im Nu hatte Aljoschka begriffen, was er tun mußte. Er begrub die Handgranate unter seinem Leib und deckte das Gesicht mit den Händen zu. Der Mann mit der Brille sprang wie ein Blitz herbei, stieß Aljoschka mit einem Fußtritt weg – Entsetzen in seinem Gesicht –, packte die

Handgranate und schleuderte sie beiseite. Im selben Augenblick eine Feuersäule im Garten, Krachen, ein verzweifelter Aufschrei des Mannes mit der Brille. Aljoschka spürte, wie etwas Heißes seine Brust verbrannte; dann sank ein dichter Schleier über seine Augen.

Als Aljoschka wieder zu sich kam, blickte er in das Gesicht des Mannes mit der Brille. Das über ihn geneigte Antlitz sah von den schlaflos verbrachten Nächten grünlichgelb aus.

Aljoschka wollte den Kopf hochheben, doch ein glühender Schmerz durchfuhr im selben Augenblick seine Brust. Er mußte stöhnen, und zugleich lächelte er.

»Ich leb' ja noch ... Bin nicht tot ...«

»Du darfst auch nicht sterben, Ljoschka ... Du sollst leben, und hier – schau mal her!«

Der Mann mit der Brille hat eine Karte, auf der eine Nummer steht, in der Hand. Er liest sie Aljoschka vor.

»›Popow, Alexei, Mitglied des RKSM‹ ... Begreifst du, Aljoschka? ... Der Splitter hat dich über dem Herzen getroffen ... Und jetzt werden wir dich wieder ganz gesund machen, noch lange soll dein Herz für die gerechte Sache der Bauern und Arbeiter schlagen ...«

Aljoschka spürt, daß die Hand des Mannes mit der Brille die seine umfaßt, und hinter den dunklen, beschlagenen Brillengläsern sieht er etwas, was er noch nie gesehen hat: zwei kleine, silberhelle Tränen und ein verlegenes, zitterndes Lächeln.

Der Feldhüter

Frohgelaunt, in den Augen unter den buschigen Brauen verhaltene Heiterkeit, um die Lippen ein kleines Lächeln, kam der Vater aus der Stanitza, wo er beim Ataman gewesen war, nach Hause. So wie heute hat ihn Mitjka schon lange nicht mehr gesehen. Seit der Heimkehr aus dem Kriege finster und mürrisch, hatte er den vierzehnjährigen Mitjka reichlich mit Kopfnüssen bedacht und hatte oft lange und gedankenverloren seinen roten Bart gekrault. Und heute, als sei die Sonne durch die Wolken gebrochen, schob er den Jungen, der ihm über den Weg lief, mit einem Scherzwort beiseite und lachte.

»Nu, du Lausebengel, lauf zum Gemüsegarten und hol die Mutter zum Mittagessen heim!«

Die Familie war um den Tisch versammelt. Der Vater saß unter den Heiligenbildern, die Mutter nahe beim Herd am unteren Tischende und Mitjka neben Fjodor, dem älteren Bruder. Als die Schüssel mit der dünnen Fastensuppe fast ausgelöffelt war, strich der Vater seinen struppigen Bart nach den Seiten auseinander. Ein Lächeln kräuselte seine bläulichen Lippen.

»Ich kann der Familie eine erfreuliche Mitteilung machen: Ich bin heute zum Kommandanten des Feldgerichts unserer Stanitza ernannt worden«, sagte er und fuhr nach einer kurzen Pause fort:

»Schließlich hab' ich nicht umsonst im Krieg die Tressen bekommen und bin Offizier geworden. Meine Verdienste sind bei den Vorgesetzten nicht in Vergessenheit geraten, wie man sieht.«

Plötzlich aber schoß dunkle Röte in sein Gesicht, die Augen blitzten Fjodor an, und er schrie:

»Was läßt du den Kopf hängen, du Lumpenkerl? Die Auszeichnung deines Vaters freut dich wohl nicht, wie? Nimm dich in acht, Fedjka! Bildest du dir etwa ein, ich merke nicht, daß ihr, du und die Bauern, die Köpfe zusammensteckt? Deinetwegen, du Hund, muß ich mir vom Ataman ins Gesicht sagen lassen: ›Anissim Petrowitsch, Sie selbst halten zwar die Kosakenehre hoch, aber Ihr Junge, der Fjodor, gibt sich mit den Bolschewiken ab. Der Bengel ist erst zwanzig – es wäre schade, wenn ihm was zustieße . . .‹ Antworte, du Hundesohn – hältst du's mit dem Bauerngesindel?«

»Ja, das tu ich.«

Mitjkas Herz krampfte sich zusammen. Er glaubte, der Vater werde Fjodor verprügeln, doch der reckte sich nur über den Tisch, schüttelte die Fäuste und brüllte:

»Und weißt du auch, du roter Hund, daß wir schon morgen deine Freunde festsetzen werden? Weißt du, daß wir den Schneider Jegorka und den Schmied Gromow sofort an die Wand stellen werden?«

Mitjkas Lippen wurden blaß, als er den Bruder wieder mit fester Stimme antworten hörte:

»Bis jetzt hab' ich's noch nicht gewußt, aber nun weiß ich Bescheid.«

Noch ehe die Mutter sich schützend vor Fjodor stellen und Mitjka einen Laut von sich geben konnte, schleuderte der Vater, weit ausholend, eine schwere Kupferkanne nach Fjodor. Der Henkel brach ab, die scharfe Kante der Bruchstelle verletzte Fjodor über dem Auge. Aus der Wunde schoß ein dünner Blutstrahl. Fjodor bedeckte das Auge, in dem das Blut zusammenlief, mit der Hand. Der Vater, hinter dem die Bank polternd umkippte, rannte aus der Stube, hart die Tür zuschlagend.

Die Mutter machte sich bis zum Abend eifrig zu schaffen. Zunächst richtete sie ein Bündel Mundvorrat mit getrockneten Fischen, die sie aus der Truhe nahm, und einem Beutel Zwieback, und dann setzte sie sich ans Fenster, um Fjodors Wäsche auszubessern. Mitjka sah, als er draußen vorbeiging, daß ihr Kopf tief über einen Stapel Wäsche gebeugt war und daß ihre Schultern unter der abgetragenen Kattunbluse krampfhaft zuckten.

Erst bei Dunkelheit kehrte der Vater aus dem Gemeindehaus zurück. Ohne einen Bissen zu sich zu nehmen, warf er sich mit den

Kleidern aufs Bett. Fjodor schlich auf den Zehenspitzen, um das Knarren der Dielen zu vermeiden, in die Gerätekammer, nahm einen Sattel und Zaumzeug an sich und trat auf den Hof hinaus.

»Mitjka, komm mal her!«

Mitjka trieb gerade die Kälber ein. Er warf seinen Stecken weg und lief zum Bruder. Er ahnte, daß Fjodor über den Don zu den Bolschewiken gehen wollte. Von dort klang jeden Morgen in gedämpften Wellen Geschützdonner bis zur Stanitza herüber. Fjodor fragte mit abgewandtem Blick: »Weißt du, ob der Pferdestall zugeschlossen ist, Mitjka?«

»Ja, er ist zu . . . Warum?«

»Weil ich's wissen muß . . .«

Fjodor hielt inne, pfiff leise durch die Zähne und flüsterte dann:

»Die Pferdestallschlüssel liegen unterm Kopfkissen des Alten . . . Versuche sie an dich zu bringen . . . Ich muß fort . . .«

»Wohin?«

»Zur Roten Armee . . . Du bist noch zu jung, um zu begreifen, auf wessen Seite das Recht ist . . . Nu, ich will mitkämpfen . . . für das Recht der Besitzlosen, damit alle Menschen gleich werden, damit es keinen Unterschied mehr zwischen arm und reich gibt . . . Die Erde, der Grund und Boden, gehört allen . . .«

Fjodor ließ Mitjka, den er umarmt hatte, los und fragte gebieterisch:

»Holst du mir die Schlüssel?«

»Ja, ich hole sie.«

Mitjka lief, ohne einen Blick zurückzuwerfen, zur Kate. Er zog seine Schuhe aus, hob die Stubentür vorsichtig mit der Klinke an, um ihr Quietschen zu verhindern, und drückte sie auf. Unter der Decke der dämmrigen Stube träges Fliegengesumm, das keinen Augenblick aussetzt. Auf nackten Sohlen tappte Mitjka leise zum Bett.

Der Vater liegt mit dem Kopf zum Fenster auf dem Bett, eine Hand steckt in der Hosentasche, die andere hängt auf den Fußboden nieder, die großen nikotingelben Fingernägel berühren die Dielen. Mitjka hält den Atem an, bleibt vorm Bett stehen und horcht auf das rasselnde Schnarchen. Tiefe, reglose Stille. In dem Bartgestrüpp des Vaters Brotkrümel und Eireste. Schnapsgestank aus dem offenen Munde. Tief unten in der Kehle dumpfes Gurgeln und Röcheln.

Mitjka tastete mit der Hand nach dem Kopfkissen und spürte das harte Schlagen seines Herzens: Tuck-tuck, tuck-tuck ... Das Blut steigt ihm in den Kopf und rauscht in den Ohren. Behutsam schiebt er erst einen und dann noch einen Finger unter das schmutzige Kissen, berührt den schmierigen Schlüsselriemen und will das Bund an sich ziehen ... Da fährt ihm die Hand des Vaters ins Genick.

»Was suchst du hier, du Hundesohn? Soll ich dir die Mähne ausreißen?«

»Die Schlüssel, Vater ... Ich suche die Stallschlüssel, wollte dich nicht wecken ...«

Ein schräger, mißtrauischer Blick aus den verquollenen, gelblichen Augen.

»Die Schlüssel? Wozu?«

»Die Pferde sind unruhig ...«

Der Vater schleuderte das Schlüsselbund auf die Dielen, kehrte das Gesicht zur Wand, ächzte und war im nächsten Augenblick wieder eingeschlafen.

Mitjka rannte auf den Hof hinaus und schob Fjodor, der an der Scheunenwand lehnte, die Schlüssel in die Hand.

»Welches Pferd willst du nehmen?«

»Den Hengst.«

Seufzend folgte Mitjka dem Bruder und flüsterte:

»Wird mich der Alte nicht halbtot prügeln, Fjodor?«

Fjodor führte, ohne etwas zu antworten, den Hengst aus dem Stall, sattelte ihn und angelte mit dem Fuß nach dem hin und her schwingenden Steigbügel.

Erst als er aus dem Tor ritt, sagte er leise, sich niederbeugend:

»Halt aus, Mitjka! Unsre Leiden werden nicht ewig dauern.

Und dem Vater, Anissim Petrowitsch, kannst du in meinem Namen sagen: Wenn er dich oder die Mutter auch nur mit einem Finger anrührt – ich rechne mit ihm ab . . .«

Damit spornte er den Hengst und ritt davon. Mitjka kauerte am Staketenzaun nieder und wollte ihm nachschaun, doch seine Augen füllten sich mit Tränen. Schluchzen schnürte ihm die Kehle zu.

Schnarchend schläft der Vater in der Stube. Mitjka ist schon vor Tagesgrauen aufgestanden. Er hat den Braunen aufgezäumt und reitet ihn zur Tränke an den Don und in die Schwemme.

Die kreidige Erde knirscht unter den Hufen des Pferdes. Mitjka reitet den Hang zum Wasser hinab und wirft seine Kleider ab. Die nebelfeuchte Frühe macht ihn frösteln. In der Ferne Geschützdonner, der gedämpft übers Wasser rollt.

Mitjka tauchte den Kopf tief in das kalte Wasser, und mit einem Lächeln im Gesicht dachte er: »Vielleicht ist Fjodor jetzt schon bei den Bolschewiken . . . in der Roten Armee . . .«

Doch wie ein Funke im Wind erlosch sein Frohsinn, als ihm der Vater einfiel. Niedergedrückt ritt er heim. Seine Augen starrten trübe geradeaus.

Der Hof kam in Sicht. ›Ausreißen sollte ich . . .‹, sann er, ›zu den Bolschewiken gehn . . . Das Recht ist auf ihrer Seite, hat Fjodor gesagt . . . Ich könnte mit dem Bruder zusammen sein . . . Der Vater – er wird mich grün und blau dreschen . . . verprügeln, bis der rote Saft aus der Nase läuft . . .‹

Vor der Haustür nahm Mitjka dem Braunen das Sattelzeug ab und betrat die Kate. Heiser schrie der Vater aus der Stube:

»Warum hast du den Hengst nicht in die Schwemme mitgenommen?«

Mitjka, dem das Blut ins Herz schoß, warf der starr am Herd stehenden Mutter rasch einen Blick zu und erwiderte:

»Der Hengst – war nicht im Stall . . .«

»Nicht im Stall? Wieso nicht?«

»Das weiß ich nicht.«

»Und wo ist Fjodor?«

»Hab' ich nicht gesehn.«

Der Vater stieß wutentbrannt die Stiefel beim Anziehen gegen die Dielen, kam durch die Küche gestapft und ging zur Gerätekammer. Seine schlafverquollenen Augen begannen zu funkeln.

»Wo ist der Sattel?« tobte er los.

Mitjka schmiegte sich an die Mutter, wie er es als kleiner Junge getan hatte, und faßte nach ihrer Hand. Voll Grimm kam der Vater zurück und schwang einen Lederriemen.

»Wem hast du die Schlüssel gegeben?«

Die Mutter stellte sich schützend vor Mitjka.

»Tu ihm nichts, Anissim Petrowitsch! Um Christi willen – schlag ihn nicht! Hast du denn mit dem eignen Blut und Fleisch kein Erbarmen?«

»Weg, Ausgeburt der Hölle! Hat man so was schon erlebt!« Er stieß die Mutter fort, warf Mitjka zu Boden und trat ihn unbarmherzig mit den Stiefeln, bis er keinen Laut mehr von sich gab.

Der Geschützdonner schwoll mehr und mehr an. Wenn Mitjka morgens das Vieh auf die Weide getrieben hatte, blieb er lange bei der alten Windmühle sitzen. Das Blechdach der Mühle ächzte und klirrte im Winde, eintönig knarrten ihre Flügel, und hinter den Hügeln, alle anderen Laute übertönend, krachten dumpf die Abschüsse. Das Dröhnen verebbte in den Schluchten, in denen noch die bläulichen Morgennebel hingen.

Schon in aller Frühe zogen Trainwagen mit Munition und Stacheldraht durch die Stanitza. Auf der Rückfahrt im Laufe des Tages brachten sie von der Front verwundete Kosaken mit. Die Verwundeten waren verlaust und wurden auf dem Platz vor dem Gemeindehaus abgesetzt. Neugierig scharrten die Hühner Zigarettenstummel, blutgetränkte Verbände und Wattebäusche auseinander, die weggeworfen worden waren, und ebenso neugierig schienen sie dem Gejammer und heiserem Gefluche der Verwundeten zu lauschen.

Mitjka mied den Vater und war darauf bedacht, nicht in sein Blickfeld zu geraten. Nach dem Frühstück lief er an den Don, um zu angeln. Dort saß er am Ufer und sah den Reitern und Tatschanken nach, die über die Brücke polterten, folgte mit den Augen den Staubwolken, die das Fußvolk aufwirbelte. Erst bei Anbruch der Dämmerung kehrte er nach Hause zurück. – Eines Abends wurde ein Trupp Gefangener in die Stanitza getrieben. Die Gefangenen drängten sich eng aneinander; sie waren barfuß, ihre Mäntel zerrissen. Die Kosakenweiber kamen auf die Straße gelaufen, spuckten den Gefangenen in die grauen, verstaubten Gesichter und beschimpften sie unflätig, während die Kosaken und die Begleitposten wiehernd lachten. Mitjka lief neben dem Trupp her, atmete den beizenden Staub ein, der unter den Füßen der Gefangenen aufstieg; sein Herz krampfte sich vor Schmerz und Trauer zusammen und pochte angstvoll ... Er sah jedem einzelnen der Gefangenen in die von schwarzen Schatten umrandeten Augen, ließ seinen Blick von einem bartlosen Gesicht zum andern gleiten und war darauf gefaßt, in einem dieser Graumäntel den Bruder zu erkennen.

Vor dem Speicher, in dem früher das Getreide der Stanitza gelagert hatte, wurde den Gefangenen Halt geboten. Mitjka sah den Vater aus dem Gemeindehaus treten. Seine linke Hand spielte mit der Säbelquaste, und er befahl:

»Mützen ab!«

Zögernd entblößten die Rotarmisten das Haupt, senkten die struppigen Köpfe, tuschelten untereinander. Und wieder die drohende, die Mitjka so wohlbekannte Stimme:

»In Linie zu einem Gliede antreten! ... Schneller, rotes Lumpenpack!«

Getrampel der nackten Füße. Die Reihe der verquälten Gesichter zog sich bis zum Gemeindehaus hin.

»Abzählen!«

Heisere Stimmen. Die übliche Wendung der Köpfe.

Mitjka, dem die fremden Menschen leid taten, würgte es in der Kehle, und zum erstenmal im Leben spürte er Haß gegen den Vater in sich aufsteigen, gegen dessen selbstgerechtes Lächeln, den borstigen roten Bart.

»Richtung Speicher ... Im Gleichschritt – marsch!«

Einzeln marschierten die Gefangenen in den schwarzen Schlund des Speichers hinein. Der letzte und zugleich kleinste in der Reihe hinkte. Der Vater schlug ihm den in der Scheide steckenden Säbel über den mit blutgetränkten Lappen umwickelten Kopf. Der Gefangene taumelte, stolperte, lief noch fünf Schritte, stürzte und schlug mit dem Gesicht schwer auf die festgetretene Erde. Gelächter ringsum, Stimmengewirr, Augen voller Schadenfreude, Geifer auf höhnischen Weiberfratzen. Mitjka entrang sich ein qualerstickter Aufschrei. Die Hände vors Gesicht gepreßt, rannte er über den Platz davon, prallte gegen die herumstehenden Leute und lief in eine Gasse hinein.

Schüchtern nähert sich Mitjka der Mutter, die am Herd hantiert, und sagt verlegen:

»Maminka ... back doch Krapfen ... Ich möchte ... sie zum Speicher ... den Gefangenen bringen ...«

Der Mutter stiegen Tränen in die Augen.

»Ja, mein Junge, tu das ... Vielleicht geht's unserm Fedjka irgendwo ebenso ... Und die Gefangenen hier haben auch irgendwo eine Mutter ... Ihr Kopfkissen wird vielleicht nachts auch nicht trocken ...«

»Wenn's aber der Vater erfährt?«

»Daß Gott behüte! Am besten, du machst dich erst spät abends auf, Mitenjka ... Gib die Sachen den Posten und sag, sie sollen sie weitergeben ...«

Die Sonne schien über der Stanitza stillzustehn, so langsam kroch sie für Mitjkas Ungeduld am Himmel dahin. Als es dennoch endlich dunkel wurde, schlich er mit einem Packen Lebensmittel zum Speicher und schlüpfte wie eine Eidechse durch den Stacheldraht.

»Wer da? Halt – oder ich schieße!«

»Ich bin's ... Hab was zu essen für die Gefangenen ...«

»Was bist du denn für einer? Scher dich fort, oder du kriegst meinen Kolben zu spüren ... Was hast du dich hier rumzudrücken in der Nacht, du Teufel! Der Tag ist dir wohl nicht lang genug ...«

»Moment, Prochorytsch, ich glaub', das ist der Junge vom Kommandanten.«

»Bist du Anissim Petrowitschs Junge?«

»Ja ...«

»Wer hat dich mit dem Freßpaket hergeschickt? Dein Vater?«

»Nei - ein ... Ich bin von allein gekommen.«

Die beiden Kosaken traten näher. Der ältere, der einen Bart trug, hielt Mitjka am Ohr fest.

»Raus mit der Sprache – wer hat dich mit dem Freßpaket hergeschickt, du junger Hund? Hast wohl noch nicht kapiert, daß die da drin unsre schlimmsten Feinde sind, was? Und wenn ich's deinem Vater sage? Was dann, hä?«

»Laß doch, Prochorytsch! Haste Sorge, was andre Leute mit ihr'm Brot machen? Mehr als dich selber sattfressen kannste ja doch nich. Was is schon dabei, wenn wir die Sachen nehm'n und weitergeben ...«

»Und wenn's Anissim Petrowitsch spitzkriegt? Du hast gut das Maul aufreißen, du hast niemand, aber ich muß an meine Familie denken. Wegen solcher Zicken kann man an die Front geschickt und obendrein auch noch ausgepeitscht werden ...«

»Nu, geh zum Teufel, fang bloß nich noch zu flennen an! – He, Bürschchen, wohin? Gib dein Bündel schon her, wir werd'ns besorgen.«

Mitjka reichte dem jüngeren der beiden das Bündelchen.

Der beugte sich nieder und flüsterte:

»Mittwochs und freitags – da hab' ich Wache. Da kannste immer herkomm' ...«

Und jeden Mittwoch und Freitag erschien Mitjka beim Speicher; kroch vorsichtig durch den Stacheldraht, gab dem Posten ein Bündel Lebensmittel und schlich längs der Zäune, ängstlich nach allen Seiten spähend, nach Hause zurück.

Jeden Abend, sobald die Nacht golden schimmernd hereinbrach, wurde ein Häuflein Gefangener aus dem Speicher herausgeholt und zu den Schluchten in der Steppe getrieben, wo sich weiße Nebel ausbreiteten. Der Wind trug den Hall einzelner Gewehrschüsse und zuweilen von Salven bis zur Stanitza herüber. Wurden mehr als zwanzig Gefangene auf einmal weggebracht, fuhr eine knarrende Maschinengewehrtatschanka hinter dem Trupp her. Dösend hockt die Mannschaft auf dem Bock, hin und wieder glimmt die Zigarette des Fahrers auf, die Pferde zuckeln verdrossen im Schritt, fahl schimmert das MG, dessen Mündung träge zu gähnen scheint. Eine halbe Stunde später hallt trockenes Knattern durch die Schluchten, und gleich darauf drischt der Fahrer so wild auf die Gäule ein, daß sie zu keuchen beginnen, ihre Flanken sich mit Schaum bedecken und die Mannschaft auf dem Bock durcheinandergerüttelt wird. Die Tatschanka hält vor der Kommandantur an, schleudert. Drei hell erleuchtete Fenster blicken auf die schlafende Straße nieder.

An einem Mittwochabend sagte der Vater zu Mitjka:

»Was lungerst du faul herum? Los, bring den Braunen auf die Nachtweide und gib acht, daß er auf den Feldern keinen Schaden anrichtet, sonst kriegst du den Teufel zu sehn!«

Mitjka zäumte den Braunen auf und flüsterte der Mutter heimlich zu:

»Bring du heute das Essen hin ... Gib's dem Posten ...«

Er ritt mit den andern Jungen in die Steppe hinaus und kehrte am andern Morgen schon vor Sonnenaufgang heim. Er machte das Tor auf, nahm dem Braunen den Zaum ab und klopfte ihm den vom Gras aufgeblähten Leib. Dann ging er in die Küche. Auf dem Fußboden und an den Wänden – Blut. In der Stube ächzendes Stöhnen ... Als Mitjka über die Schwelle tritt, sieht er die Mutter in einer Blutlache liegen. Das Gesicht aufgetrieben und rot verschmiert, in den Haaren geronnenes Blut. Sie erkennt Mitjka, krümmt sich, wimmert. Die bläuliche Zunge bewegt sich zwischen den geschwollenen Lippen, bringt aber kein Wort zustande. Die Augen blicken verstört und wie irr, in roten Blasen tritt Speichel aus dem Munde.

»Mit-mi-tjka . . .«

Erstickend ein gurgelndes Lachen.

Mitjka fiel auf die Knie, küßte die Hände der Mutter und ihre blutverkrusteten Augen. Er nahm ihren Kopf in die Arme, fühlte Blut an seinen Fingern kleben, sah etwas Weißes, Schlüpfriges . . . Die Pistole des Vaters lag mit blutbesudeltem Griff auf den Dielen.

Halb von Sinnen rannte Mitjka aus der Kate und sank am Zaun nieder. Die Nachbarin vom Hof nebenan rief:

»O je! Mach, daß du fortkommst, du Ärmster! Dein Vater weiß, daß die Mutter den Gefangenen Lebensmittel zugeschustert hat, und hat sie zu Tode geprügelt deswegen . . . Auch du sollst es ihm büßen!«

Seit einem Monat lebt Mitjka als Wächter auf den Gemüsefeldern und haust in einer Laubhütte, die auf einer Hügelkuppe steht. Von dort blickt er auf das milchigweiße Band des Don, auf die am Fuße eines Berges liegende Stanitza und auf den Friedhof mit den graugrünen Flecken der Gräber nieder. Als er sich um die Stelle bewarb, sagten die Kosaken:

»Anissims Junge? Solche wie den brauchen wir nicht! Sein Bruder ist bei den Roten, und seine Mutter, diese Hündin, hat den Gefangenen Fressen zugesteckt. Aufhängen sollte man ihn, aber nicht als Wächter einstellen . . .«

»Meine Herren Ältesten, er verlangt kein Geld . . . Wenn Euer Gnaden ihm ein Stück Brot geben – gut! Wenn nicht – krepiert er sowieso . . .«

»Von uns kriegt er nichts, mag er doch verrecken!«

Schließlich aber fügten sie sich doch den Gründen des Atamans und willigten ein. Und warum auch sollten sie ihn nicht beschäftigen, da er keinen baren Lohn verlangt und den ganzen Sommer über die Gemüsefelder umsonst bewachen will! Eine Ersparnis mithin ...

Die gelben Melonen und gestreiften Arbusen wuchsen und reiften unter der Sommersonne. Kummervollen Herzens machte Mitjka seine Runden durch die Felder und vertrieb mit Geschrei und dem lauten Knarren einer Holzschnarre die Krähen. Wenn er am Morgen aus seiner Hütte gekrochen war und neben ihr im verwelkten Steppengras lag, lauschte er lange dem Geschützdonner, der vom andern Ufer des Don herüberklang, und blickte mit traurigen, sehnsüchtigen Augen über den Strom.

Der Sommerweg, den die Kosaken beim Heueinfahren benutzen, führt an Kreidehängen und an den Gemüsefeldern vorbei und schlängelt sich den Berg hinan. Auf ihm werden die Gefangenen zu den Schluchten getrieben, wo man sie erschießt. Die gellenden Schreie und die Schüsse rissen Mitjka nachts oft aus dem Schlaf. Unten im Tal, jenseits der Wiesen hinter der dichten Wand der Weidenbäume, heulen nach den Schüssen jedesmal die Hunde auf, Schritte dröhnen über den Sommerweg, Tatschanken rattern vorüber, Zigaretten leuchten auf, und gedämpft klingen Stimmen herüber.

Mitjka war einmal zu den Schluchten gegangen; an den Hängen hatte er eingetrocknetes Blut wahrgenommen und auf dem Talgrunde aus einem flachen Massengrabe – der Regen hatte die Erde weggespült – ein nacktes Bein herausragen sehen. Die Fußsohle – ledern und faltig. Leichengeruch, den der Steppenwind ihm zutrug. Mitjka suchte die Schluchten nie wieder auf.

Eines Tages kam, früher als sonst, ein Trupp aus der Stanitza den Sommerweg entlang: Gefangene in lose umgehängten Mänteln, rechts und links von Kosaken flankiert. Die Sonne streute nur ein schüchternes Glitzern über den Don, als schäme sie sich mit anzusehen, was sonst nicht bei Tageslicht vor sich ging. In den Weidenbäumen bei den Wiesen ließ sich eine schwarze Krähenwolke nieder. Stille lag wie ein hauchdünnes Gewebe über die Gemüsefelder gebreitet. Mitjka folgte dem Trupp mit den Augen. Plötzlich vernahm er einen Schrei, gleich darauf einen Schuß, dann noch einen und noch einen ... Er stürzte eine Anhöhe hinauf und sieht die Gefangenen in Richtung der Schluchten davonrennen. Die Kosaken sind niedergekniet und feuern hinter ihnen her. Mit geschwungenem Säbel setzen zwei Kosaken den Flüchtenden nach.

Die Schüsse zerreißen die reglose Stille. Tack – tacktack . . .tack.

Einer der Fliehenden stolpert, kommt zu Fall, springt auf, läuft weiter ... Der Abstand zwischen ihm und den Verfolgern wird kürzer und kürzer ... Da – ein blitzender Halbkreis, und der Säbel saust auf den Kopf des Flüchtlings nieder ... Und jetzt schlägt der Kosak auf den am Boden Liegenden ein ...

Mitjka spürt ein heißes Brennen in der Kehle, dann wird ihm schwarz vor Augen.

Gegen Mitternacht halten drei Reiter bei der Laubhütte.

»He, Feldhüter, rauskommen!«

Erschrocken trat Mitjka vor die Tür.

»Hast du zufällig gesehen, wohin die drei in den Militärmänteln gelaufen sind?«

»Nein.«

»Nimm dich in acht! Lüg nicht!«

»Ich hab' nichts gesehen ... weiß von nichts . . .«

»Nu, nichts zu machen hier, müssen durch die Schluchten zum Filippowwald. Werden die Banditen schon kriegen, wenn wir den Wald umstellen ...

Los Bogatschow . . .«

Mitjka schloß bis Sonnenaufgang kein Auge mehr. Im Osten zog ein Gewitter auf, es donnerte, dichte bleigraue Wolken verhüllten den Himmel, Blitze blendeten die Augen. Es drohte zu regnen.

Noch vor Tagesgrauen hörte Mitjka neben der Hütte Rascheln und Ächzen. Er lauschte, ohne sich zu rühren. Lähmende Angst war ihm in die Glieder gefahren. Und wieder das Rascheln und anhaltendes Stöhnen.

»Ist da jemand?«

»Um Christi willen, hilf mir, guter Mann!«

»Was ist dir?«

»Verrat mich nicht ... Laß mich nicht zugrunde gehn ... Bin gestern vorm Erschießen durchgebrannt ... Die Kosaken suchen mich ... Hab 'nen Durchschuß im Bein.«

Mitjka will etwas erwidern, doch die Stimme versagt ihm. Er sinkt auf die Knie und umschlingt die Beine in den Wickelgamaschen.

»Fedjka ... Brüderchen, liebstes ...«

Mitjka schleppte einen Berg dürrer Sonnenblumenstengel herbei, hieß Fjodor sich in einer Ecke niederlegen, schichtete Steppenheu und das Sonnenblumenstroh über ihn und machte sich auf seine Runde durch die Felder.

Er verscheuchte zwar bis zur Mittagszeit die Krähen, doch zog es ihn immer wieder zur Hütte, um dem Bruder in die Augen sehen zu können und sich von seinen Erlebnissen erzählen zu lassen. Sie waren übereingekommen, daß Mitjka gleich nach Anbruch der Dämmerung Fjodors Bein mit einem festen Verband versehen sollte; dann wollten sie sich auf Umwegen durch den Wald zum Don durchschlagen und ans andere Ufer schwimmen, um sich dem Kampf der Entrechteten gegen die Kosaken anzuschließen.

Über den Sommerweg ritten vom frühen Morgen bis zum Mittag Kosaken aus der Stanitza. Zweimal kamen Reiter bis zur Hütte und verlangten Trinkwasser. Gegen Abend sah Mitjka acht Kosaken einen sandigen Hügel hinunterreiten; sie ließen die müden, strauchelnden Pferde im Schritt gehen. Mitjka kauerte vor der Hütte, folgte den hageren Gestalten mit den Augen. Leise, ohne den Kopf zu wenden, flüsterte er Fjodor zu:

»Lieg still, Fjodor, rühr dich nicht! 's kommt einer quer über die Felder zu uns herüber.«

Gedämpft kam Fjodors Frage unter dem Steppenheu hervor: »Und die andern? Warten sie oder reiten sie zur Stanitza weiter?«

»Traben den Berg runter. Bleib still liegen!«

Ein Kosak, aufrecht in den Steigbügeln stehend, reitet heran, schwingt die Pljotka. Das Fell des Pferdes glänzt feucht.

»Fedja – der Vater!«

Schweißtropfen rinnen in den roten Bart des Vaters, sein sonnenbraunes Gesicht glüht rotblau. Vor der Hütte hält er an, steigt aus dem Sattel und tritt auf Mitjka zu.

»Wo steckt Fjodor?«

Der Blick der blutunterlaufenen Augen bohrte sich in Mitjkas bleichgewordenes Gesicht. Der blaue Kosakenrock roch nach Schweiß und Naphtalin.

»War er letzte Nacht hier?«

»Nein.«

»Was ist das für Blut neben der Hütte?«

Der Vater bückte sich. Die dicken Wülste seines Halses quollen über den Kragen.

»Los, mach die Hütte auf!«

Sie traten ein – zuerst der Vater, dann der erschrockene Mitjka.

»Paß auf, Schlangenbrut ... Wenn du Fedjka versteckt hast, dann springt ihr mir beide über die Klinge!«

»Nein ... ich weiß von nichts.«

»Was soll das Zeug da in der Ecke?«

»Ich schlafe drauf.«

»Das muß ich mir mal näher betrachten ...«

Der Vater hockte nieder und begann, das knisternde Steppenheu und die Sonnenblumenstengel behutsam auseinanderzuziehen. Mitjka steht hinter ihm. Der blaue Rücken in dem prall sitzenden Rock bewegt sich vor seinen Augen hin und her. Nach einem Weilchen ein heiseres Krächzen:

»Aa-aah ... Und was ist das?«

Unter den braunen Stengeln kommt Fjodors Fuß zum Vorschein. Der Vater langt mit der Rechten zur Pistolentasche. Mitjka wankt, springt zurück, ergreift die an der Wand lehnende Axt mit beiden Händen, stöhnt, weil ihm plötzlich übel wird, reißt die Axt hoch und läßt sie mit voller Wucht auf den Schädel des Vaters niedersausen ...

Sie türmten das Steppenheu über die Leiche und verließen die Hütte. Sie durchquerten Schluchten, krochen durch Windbrüche und dichtes Gebüsch. Als die Stanitza acht Werst hinter ihnen lag, rutschten sie bei einer Stromkehre, wo der Don einen grauen Berg umfließt, den Uferhang hinab und glitten ins Wasser. Von der nachtgekühlten Flut schnell stromab getragen, schwammen sie bis zu einer Sandbank. Ächzend hielt sich Fjodor an der Schulter des Bruders fest. Lange ruhten sie sich in dem feuchten, groben Sande aus.

»Nu, Fedja, 's wird Zeit ... Das letzte Stück ist sicher nicht mehr so breit.«

Wieder glitten sie in die Flut. Wieder leckten die Wellen des Don über ihre Nacken und Gesichter. Leicht teilten die ausgeruhten Arme das Wasser.

Und dann: unter den Füßen Grund.

Toter, nachtschwarzer Wald. Eilig schritten sie aus.

Als es dämmerte, heulte ganz in der Nähe ein Geschütz auf. Über das Morgengrauen im Osten flog der erste rötlich schimmernde Hauch.

Der Weg ins Leben

I

Die durch die Steppe führende Hetmanstraße zieht sich bis zum Meer am Don entlang. Linker Hand die sandige, abfallende Stromniederung; mattgrüne Dunstschleier über den Wiesen; hier und da, blaß schimmernd, ein See ohne Namensbezeichnung. Zur Rechten Wasserläufe, das graue Meer wogenden Reihergrases; hinter einer Kette flacher Wachhügel, über dem staubigen Band der Straße, schroffe, finstere Felshänge.

Der Herbst, der in diesem Jahre ungewöhnlich früh gekommen war, hatte scharfe Nachtfröste gebracht und die Steppe vorzeitig kahl werden lassen.

Eines Morgens, während sie Wolle in der Walkerei sortierten, sagte der Vater zu Pjotr:

»Nu, Söhnchen, bald wird's mehr als genug Arbeit für uns geben. Die ersten Fröste sind da, die Kosatchken kämmen die Wolle, und wir werden in die Hände spucken und die Ärmel hochkrempeln müssen, damit wir nicht in Schweiß geraten.«

Er hob den Kopf und lächelte. Seine blassen grauen Augen wurden schmal dabei. Tiefe Falten furchten seine graustoppeligen Wangen.

Pjotr, der auf dem Tisch sitzt und an einem Wollballen arbeitet, sieht das Lächeln auf dem Gesicht des Vaters allmählich erlöschen. Schweigend hantiert er weiter.

In der Walkerei ist es zum Ersticken heiß. In regelmäßigen Abständen fallen Wassertropfen von der schrägen Decke. Fliegen kriechen über das schmutzige Marienglasfenster, durch das man den Staketenzaun, Weidenbäume und in schwachen Regenbogenfarben den bemoosten Brunnengalgen erkennt.

Pjotr schaut flüchtig auf den Hof hinaus und heftet dann den

Blick auf den nackten, gebeugten Rücken des Vaters. Lautlos die Lippen bewegend, zählt er die höckrigen Knoten der Wirbelsäule, beobachtet, wie sich die Schulterblätter heben und senken und wie die schlaffe Haut sich faltig über dem Rücken zusammenzieht.

Die knotigen Finger des Alten zupfen geschickt Kletten, Strohhalme und Dreckklümpchen aus der Wolle. Sein strubbeliger Kopf und dessen Schatten an der Wand nicken im Takt zur Arbeit der Hände. Die gedämpfte Wolle verbreitet einen scharfen, widerlichen Geruch. Von Pjotrs Gesicht perlen kleine Schweißtropfen, die feuchten Haarsträhnen fallen ihm über die Augen. Er wischt mit dem Handrücken über die Stirn und wirft den Ballen auf die Fensterbank.

»Sollten wir nicht essen, Vater?« fragt er. »Schau mal, wie hoch die Sonne schon steht, es ist fast Mittag.«

»Mittagessen? Wart noch 'n Weilchen ... Nu sag mir einer bloß mal, wieviel Kletten da drin sind! Schon 'ne geschlagene Stunde sitz' ich über der Wolle.«

Pjotr sprang vom Tisch und sah nach dem Ofen. Der Feuerschein leckte gierig über seine schweißnassen Wangen.

»Ich nehm' die Kohlsuppe raus. Ich fall' um vor Hunger und muß was essen ...«

»Nu, dann nimm sie raus, die Arbeit kann ebensogut warten.«

Sie setzten sich an den Tisch, ohne die Hemden überzustreifen, und löffelten bedächtig die mit Fastenöl zubereitete Kohlsuppe. Pjotr schielte zum Vater hinüber und sagte kauend:

»Du bist ziemlich mager geworden. Fast sieht es so aus, als nage eine Krankheit an dir. Man könnte glauben, das Brot verzehrt dich, nicht aber du das Brot ...«

Der Alte, ebenfalls kauend, erwiderte lächelnd:

»Du bist'n drolliger Kauz! Wie kannst du uns beide miteinander vergleichen! Ich werde zu Mariä Schutz und Fürbitte siebenundfünfzig, und du bist kaum über siebzehn. 's liegt am Alter und nicht an 'ner Krankheit ...«, und seufzend schloß er: »Unsere verstorbene Mutter sollte dich mal sehn ...«

Stumm löffelten sie weiter und lauschten dem dumpfen Gesumm der Fliegen. Wütend schlug im Hof der Hund an. Schritte vorm Fenster. Die Tür flog auf. Sidor, der Schmied, kam rückwärts herein und stieß dabei gegen das Faß mit gewaschener Wolle. Ohne die Mütze abzunehmen, schimpfte er gleich los und spuckte aus.

»Ihr habt da vielleicht einen Köter! Nicht genug damit, daß er einen beißen will, nein, er muß es ausgerechnet immer überm Knie versuchen . . .«

»Er weiß, daß du deine Filzstiefel holen kommst, und will dich nicht reinlassen, weil sie noch nicht fertig sind . . .«

»Ich komme nicht wegen der Filzstiefel . . .«

»Nu, wenn du nicht wegen der Stiefel kommst, dann setz dich auf das Fäßchen dort und sei unser Gast!«

»Seit Jahr und Tag gucke ich bloß gelegentlich mal als Gast rein, und dann wird mir nur ein nasser Sitzplatz angeboten . . . Petrucha, werd du mir nicht auch so ein schandbarer Mensch wie dein Vater . . .«

Sidor, der unter seinem filzigen Bart schmunzelte, hockte sich an der Tür nieder, drehte sich mit ungelenken Fingern umständlich eine Zigarette, zündete sie an und brummte, indem er schmatzend die Lippen verzog:

»Hast du was Neues gehört, Großvater Foma?«

Der Alte, der Wolle in einen Sack einschlug, schüttelte lächelnd den Kopf, stutzte aber, als er in Sidors Augen kleine Freudenflämmchen aufflackern sah.

»Was gibt's?«

Auf Sidors Gesicht, das in einer Wolke Tabaksqualm schwamm, erschien ein Lächeln, und seine Lippen kräuselten sich dabei wie bei einem Hasen. Die Augen unter den weißlichen Brauen blinkerten erregt.

»Die Roten rücken vor und kommen näher ans andre Donufer heran. In der Stanitza wird von Rückzug gemunkelt . . . Heute früh, es war noch nicht hell, arbeite ich in meiner Schmiede und hör' Reiter auf der Straße. Ich guck' raus und seh' sie auf die

Schmiede zutraben. ›Ist der Schmied da?‹ rufen sie. ›Ja, das bin ich‹, sag' ich. ›Sofort die Stute beschlagen!‹ verlangen sie und drohen: ›Wenn du sie vernagelst, dann prügeln wir dich mit der Pljotka zu Tode!‹ Schwarz von Kohlenstaub, wie ich bin, schau' ich raus und seh' 'nen Kosakenoberst und seinen Adjutanten. ›Euer Wohlgeboren‹, sag' ich, ›ich versteh' mein Handwerk.‹ Ich beschlage also die Stute, klopfe hier 'n bißchen mit dem Hufhammer rum und sperr' die Ohren auf. Und da hab' ich mitgekriegt, daß ihre Sache faul steht ...« Er spuckte die Zigarette weg und trat sie aus. »Nu, macht's gut, nach Feierabend komm' ich noch mal vorbei ...«

Die Tür klappte zu, Dampf wallte gegen die Wände der Walkerei. Der Alte blieb geraume Zeit stumm. Dann trat er, sich die Hände abtrocknend, nahe an Pjotr heran und sagte:

»Nu, Petrucha, jetzt sind die Unsern bald hier! Lange genug haben uns die Kosaken drangsaliert ...«

»Ich glaube, Sidor spinnt, Vater ... Wie oft schon ist er hier mit Neuigkeiten aufgetaucht, und immer sollten sie schon bald hier sein, dabei ist weit und breit nichts von ihnen zu riechen ...«

»Wart's nur ab, 's wird bald so anfangen zu stinken, daß die Kosaken nicht schnell genug schnuppern können ...«

Der Alte ballte die Faust, und seine mageren Wangen röteten sich.

»Von klein auf schuften wir für die Reichen, mein Junge. Sie wohnen in Häusern, die andere Hände gebaut haben, essen das Brot, an dem andrer Leute Schweiß klebt, jetzt aber wird ihnen die Rechnung präsentiert ...«

Der Alte mußte husten. Es klang, als spritze ein scharfer Strahl aus seinem Munde. Er winkte mit der Hand ab, preßte dann die Handflächen auf die Brust und blieb gebeugt neben einem Faß in der Ecke stehen. Mit der Schürze wischte er verstohlen den rötlichen Schaum von den Lippen und fuhr lächelnd fort:

»Es gibt zwei Wege ... Wir müssen den uns vorbestimmten gehn und auf ihm bis zum Ende bleiben, ohne einen Schritt abzuweichen. Wir sind nun mal als Wollwalker geboren und müssen deshalb zur Arbeiterregierung halten ...«

Am andern Tage erschienen ein Offizier und ein Kosak der Stanitzaverwaltung in der Walkerei. Der junge, aufgeschwemmte Fähnrich fragte, indem er mit der Reitpeitsche gegen die Schäfte seiner neuen Reitstiefel klopfte:

»Bist du Kremnjow, Foma?«

»Ja.«

»Auf Befehl des Atamans und des Kommandanten der Intendantur muß ich dein gesamtes Lager an Filzstiefeln beschlagnahmen. Wo hast du die Stiefel?«

»Euer Wohlgeboren, ich und mein Sohn haben ein ganzes Jahr lang dafür gearbeitet. Wenn Sie die Stiefel beschlagnahmen, müssen wir vor Hunger krepieren ...«

»Das interessiert mich nicht. Ich habe den Befehl, die Stiefel zu beschlagnahmen. Unsere Kosaken laufen an der Front barfuß. Ich frage noch einmal: Wo sind die Stiefel?«

»Herr Fähnrich, Schweiß und Blut haben wir in die Arbeit gesteckt, die Stiefel sind unser Brot ...«

Über das pickelige Gesicht des Fähnrichs kriecht ein schmieriges Lächeln. Unter dem Schnurrbart blinken Goldzähne.

»Die Leute erzählen, du seist Bolschewik? Nun? Die Roten werden dir die Stiefel schon bezahlen, wenn sie kommen ...« Eine Zigarette zwischen den Lippen, schritt er sporenklirrend auf einen Vorhang im Hintergrund zu und schob ihn mit der Reitpeitsche zurück.

»Aha! Da sind sie ja! Wir nehmen sie gleich mit, Schustrow, trag sie auf den Hof, das Fuhrwerk muß jeden Augenblick eintreffen.«

Der Alte und Petjka stellten sich Schulter an Schulter vor den Stiefelhaufen in der Ecke. Der Fähnrich wurde zornrot im Gesicht. Speichel sprühte ihm von den bebenden Lippen. Sich mühsam beherrschend, schrie er:

»Morgen, wenn du vorm Feldgericht stehst, werde ich anders mit dir reden, du Hund . . .«

Er stieß den alten Walker zur Seite und schleuderte mehrere Stiefelpaare mit den Füßen zur offenstehenden Tür, und der Kosak warf sie ins Freie.

Auf dem Weg vor dem Staketenzaun polterte ein Wagen, der vor dem Tor anhielt. Ein Paar Filzstiefel nach dem andern verschwand. Der Alte schwieg. Als der Kosak jedoch im Vorbeigehn auch noch die auf dem Ofen liegenden Stiefel ergriff, trat er ihm entgegen und drückte ihn unerwartet mit hartem Griff an den Ofen. Der Kosak, ein pockennarbiger, stumpfsinniger Kerl, riß sich los – sein Hemd zerriß dabei am Kragenbund – und schlug dem Alten, ohne auszuholen, ins Gesicht. Petjka schrie auf und wollte dem Vater zu Hilfe eilen. Auf halbem Wege aber traf ihn ein Hieb des Peitschenstiels, und er fiel stocksteif zu Boden. Der Fähnrich stürzte mit blutunterlaufenen Augen auf den Alten los und versetzte ihm einen klatschenden Schlag ins Gesicht.

»Hau ihn zusammen – auf meine Verantwortung! Schlag doch zu, in drei Teufels Namen!«

Der Kosak nahm die Filzstiefel in die Linke und griff mit der Rechten zum Säbel. Der Alte fiel auf die Knie, der Kopf sank ihm auf die Brust, die Schulterblätter auf dem braunen mageren Rükken zuckten. Der Kosak blickte auf das grauhaarige, zur Erde gebeugte Haupt nieder, sah die welke Haut über den hervortretenden Rippen des Alten, warf dem Fähnrich einen kurzen Blick zu und drückte sich rückwärts zur Tür hinaus.

Der Fähnrich drosch mit der Reitpeitsche auf den Alten ein und stieß heisere, abgerissene Flüche aus . . . Die wuchtigen Hiebe hagelten auf den gebeugten Rücken nieder und hinterließen rote Striemen. Die Haut platzte auf, in schmalen Streifen rann Blut den Rücken hinab. Der Wollwalker, dessen blutender Kopf tiefer und tiefer sank, gab keinen Laut von sich . . .

*

Als Petjka zur Besinnung kam und sich torkelnd erhob, waren die Eindringlinge verschwunden. Durch die offene Tür trieb der Wind haufenweise dürres Pappellaub herein, wirbelte Staub auf, und die Hündin des Nachbarn leckte gierig das geronnene, schwarze Blut von der Türschwelle.

Bei der Viehtrift, unmittelbar neben der Kapelle, münden die Wege aus dem Gebiet der Taurier* und den Nachbarsiedlungen in die große Straße, die mitten durch die Stanitza führt. Kosakenregimenter und sogenannte Vergeltungsabteilungen ziehen auf ihr nordwärts an die Front. Auf dem Dorfplatz wimmelt es von Menschen. Vor dem Verwaltungsgebäude knabbern die schaumbedeckten Pferde der Meldereiter an den Latten des verwitterten Zauns. In den Pferdeställen sind die Intendantur des 2. Donkosakenkorps und ein Lager mit Artilleriemunition untergebracht.

Wachposten füttern vollgefressene Schweine mit verdorbenen Lebensmitteln. Über dem Platz liegt ein Geruch von Lorbeerblättern und Medikamenten. Hier befindet sich auch das Gefängnis, das in aller Eile mit Gittern versehen worden ist. Vor dem Eingang ein Posten, eine umgekippte Feldküche, eine Telefonbude. Der Wind fegt längs der Staketenzäune rostbraunes Ahornlaub durch die engen Gassen und fährt unter die rohrgedeckten Scheunendächer.

Petjka näherte sich dem Gefängnis. Der Posten rief ihn an:

»He du, nicht rankommen, bleib stehn! Was hast du hier verloren?«

»Ich will meinen Vater besuchen. Er heißt Kremnjow.«

»So einen haben wir hier. Wart mal 'nen Augenblick, ich frag' den Wachhabenden.«

Der Posten verschwindet in der Telefonbude, holt eine Melone unter der Bank hervor, zerschneidet sie gemächlich mit dem Säbel,

* Ukrainer, deren Vorfahren auf Befehl Jekaterinas II. aus dem südlichen, der Krim benachbarten Gebiet der Ukrainer an den Don umgesiedelt worden sind.

ißt und spuckt die grauen Kerne mit lautem Geschmatz vor Petjkas Füße.

Petjka betrachtet das knochige, sonnengebräunte, wie Bronze glänzende Gesicht des Postens und wartet geduldig, bis dieser mit dem Essen fertig ist. Weit ausholend, schleudert der Posten ein Stück Melonenschale nach einem umherstreunenden Schwein, blickt ihm eine Weile ernsten Gesichts nach und dann erst greift er zum Telefon.

»Hier ist'n Bürschchen, das zu Kremnjow will. Kann ich's reinlassen, Euer Wohlgeboren?«

Petjka hört das Bellen einer rauhen Baßstimme aus dem Telefonhörer, versteht aber nicht, was gesagt wird.

»Mußt 'n Moment warten«, erklärt der Posten, »du mußt erst gefilzt werden . . .«

Einige Augenblicke später treten zwei Kosaken aus dem Tor.

»Wer will zu Kremnjow? Bist du das? Nimm die Arme hoch!«

Sie durchwühlten Petjkas Taschen, untersuchten die schäbige Mütze und das Jackenfutter.

»Hose runter! – Nu, schämst du dich etwa, du Lumpenhund . . . Bist ja schließlich keine Jungfer – oder?«

Das Tor schlägt hinter Petjka zu, der Riegel wird vorgeschoben, und an vergitterten Fenstern vorbei geht's zur Wachstube. Hinter den Gittern helle und dunkle Augenpaare in allen Schattierungen.

In dem langen Gang stinkt es nach menschlichen Exkrementen und Schimmel. Die Wände bedeckt feuchter, grüner Moder. Ölfunzeln verbreiten trübe Helligkeit. Vor der letzten Tür macht der Posten halt, schiebt den Riegel zurück und stößt sie mit dem Fuß auf.

»Geh rein!«

Mit ausgestreckten Händen tastet sich Petjka vorwärts, schiebt sich über den löchrigen Fußboden an der Wand entlang. Durch ein winziges Fenster hoch oben in der Decke fällt ein blaßblauer Schimmer des Herbsttages.

»Petjaschka! Du? . . . .«

Die stockende Stimme des Vaters klingt wie die eines Schwerkranken. Petjka stürzt in die Richtung, aus der die Stimme kommt, stößt mit den nackten Füßen an eine Filzdecke, kauert sich nieder und nimmt wortlos den verbundenen Kopf des Vaters in die Arme.

Der Posten lehnt an der offenen Tür, spielt mit dem Säbelriemen und summt vor sich hin. Dumpf hallt das Gesumm im Raum wider. Petjkas Vater lacht aufmunternd und verschluckt sich dabei. Petjka blickt zu dem runden Deckenfensterchen empor und sieht, wie sich draußen graue Wolken zusammenballen und zwei Kranichzüge, deren vielstimmiges Geschrei zu hören ist, pfeilgleich den Himmel zerteilen ...

»Sie haben mich zweimal zum Verhör geholt ... Der Untersuchungsrichter hat mich mit Füßen getreten, ich sollte ein Geständnis unterschreiben, das ich gar nicht abgelegt habe ... Nee, Petjaschka, aus Kremnjow kriegt man mit Gewalt kein Wort raus ... Mögen sie mich totschlagen, sie werden ja dafür bezahlt, aber von dem mir vorbestimmten Wege weiche ich keinen Fußbreit ab ...«

Petjka lauscht dem vertrauten rauhen Lachen und sieht dem Vater aufgeregt in das erdfahle, von den Mißhandlungen geschwollene Antlitz.

»Und was wird nun? Wirst du lange sitzen müssen?«

»Sitzen? – Kaum. Früher oder später werden sie mich laufenlassen ... Nur zu gern hätten sie mich, die Hunde, erschossen, wenn sie nicht befürchten müßten, daß die Zugewanderten meutern ... Und das käme ihnen wenig zupaß ...«

»Du meinst also, sie werden dich freilassen?«

»Sie wollen mich vor das Ältestengericht der Stanitza stellen ... Und da werden wir schon sehn, wer die Oberhand behält.«

Der Posten an der Tür schnippte mit den Fingern und rief:

»He, du fideles Kreuz, jag deinen Jungen raus, die Zeit ist um für heute ...«

Gegen Abend kam der Nachbarjunge in die Walkerei gestürzt.

»Pjotr!«

»Ja?«

»Lauf zum Versammlungsplatz! Sie erschlagen deinen Vater – vor dem Verwaltungsgebäude ...«

Petjka rannte ohne Mütze los.

Er lief, so schnell ihn die Füße trugen, durch die gewundene Gasse am Fluß. Vor ihm, neben den Weidenbäumen, schimmerte das rote Hemd des Nachbarjungen, dessen strohblonder, von der Sonne ausgebleichter Schopf im Winde flatterte und der vor jedem Hof mit abgerissener Stimme kreischte:

»Leute – auf zum Platz! Die Kosaken – erschlagen den Walker-Foma ...«

Aus allen Höfen strömten in Scharen barfüßige Kinder herbei.

Als Petjka beim Verwaltungsgebäude ankam, leerte sich der Platz, die Leute verschwanden in den Gassen und Straßen. Die fette Popin steht vor ihrer Haustür und blickt dem rennenden Petjka nach. Sie hat einen Schal über das Kattunkleid geworfen, auf ihren dünnen Lippen liegt wie festgefroren ein neugieriges, hämisches Lächeln. So steht sie ein Weilchen da, folgt Petjka mit den Augen, schabt mit einem Fuß die dicke, schwammige Wade des andern Beins und wendet sich dann zum Hause um.

Hinter ihr erklangen Schritte auf der Treppe.

»Ah, Fjokluscha, wo verprügeln sie denn Walker?«

Die schielende Köchin war herangewatschelt, fuchtelte mit den Armen, und ihre Stimme überschlug sich, als sie schreiend antwortete:

»Hör dir das Kreuz an ... Mit eignen Augen hab' ich zugesehn, Mütterchen, wie sie ihn zusammengeschlagen haben ... Ich seh', wie sie ihn aus dem Gefängnis zum Platz schleppen. Die Kosaken fangen an zu fluchen, aber er macht sich überhaupt nichts draus ... Da geht er also, der alte Hund, schmunzelt sich eins und sieht dreckig wie sonst was aus ... Die Herren Offiziere haben ihm schon vorher Saures gegeben ... Sie bringen ihn also zur Verwaltung und fangen an, auf ihn einzuschlagen. Und er schreit wie verrückt, nu, da haben sie ihm eben den Rest gegeben ...«

Mit gezierten Schritten trat der Stanitzaschreiber aus dem Verwaltungsgebäude.

»Iwan Arsenjewitsch, einen Augenblick ...«

Der Schreiber zupfte seine breite Reithose zurecht und näherte sich tänzelnd, seine spiegelblanken Stiefel bewundernd, der Popin. Kurz vor ihr richtete er seinen krummen Rücken auf und legte lässig wie der Oberst der Kommandantur zwei Finger an den Mützenschirm.

»Guten Tag, Anna Sergejewna!«

»Guten Tag, Iwan Arsenjewitsch! – Was hat es denn da für Mord und Totschlag bei Ihnen gegeben?«

Der Schreiber schob verächtlich die Unterlippe vor.

»Der Walker-Foma ist wegen seiner Liebäugelei mit dem Bolschewismus erschlagen worden.«

Die Popin zuckte die fetten Schultern und stöhnte.

»Ach, wie schrecklich ... Haben Sie etwa auch mitgemacht?«

»Ja ... Das heißt ... Wissen Sie, als sie anfingen, ihn zu verprügeln, und als er am Boden liegt und schreit: ›Und wenn ihr mich umbringt – von den Sowjets sage ich mich nicht los‹, tja, da hab' ich ihm eins mit dem Fuß versetzt. Ich bedaure, daß ich mich dazu habe hinreißen lassen ... Unangenehm – hab' mir die Hose und die Stiefel mit Blut beschmiert ...«

»Ich hätte nie gedacht, daß Sie ein so hartherziger Mensch sein können ...«

Die Popin sah den stutzerhaften Schreiber aus schmalen Augen an und lächelte.

Vor dem Eingang zur Verwaltung aber kauerte Petjka in dem feuchten roten Sande und starrte, von einer bunten Kinderschar umringt, unentwegt auf das vor ihm liegende unförmige, blutige Bündel ...

Kraniche überfliegen die Stanitza und streuen ihre lockenden Rufe über die herbstkühle Erde. Petjka starrt, ohne sich vom Fleck zu rühren, mitunter stundenlang aus dem Fenster der Walkerei.

Der Schmied Sidor kommt ihn besuchen und sieht ihm zu, wie er zwischen zwei Ziegelsteinen Maiskörner zerreibt. Seufzend sagt er nach einer Weile:

»Ach, du Ärmster, was für ein Elend ist über dich gekommen ... Nu, nimm's nicht zu schwer, laß den Mut nicht sinken ... Bald werden die Unsern hier sein, und dann wird das Leben leichter werden ... Komm morgen früh zu mir, ich geb' dir ein paar Maß Mehl.«

Der Schmied bleibt noch ein Weilchen sitzen, bläst eine bläuliche Rauchwolke durch die braungebeizten Zähne, spuckt ein paarmal in die Ofenecke und entfernt sich grußlos.

Die besseren Zeiten, die er erträumte, sollte Sidor jedoch nicht mehr erleben. Als Pjotr am andern Tage kurz nach Sonnenuntergang über den Versammlungsplatz schritt, ritten zwei Kosaken aus dem Gefängnistor, die den Schmied mit sich führten. Sidors knielanger Kittel war vom Kragen bis zum Gürtel aufgeschlitzt, so daß Pjotr die gekräuselten, borstigen Haare auf der entblößten Brust sah. Als Sidor Pjotr erblickte, wandte er ihm den Kopf zu und rief:

»Sie wollen mich erschießen, Petjanka, mein Täubchen ... Leb wohl! ...«

Er winkte mit der Hand. Tränen traten ihm in die Augen.

Zähflüssig, wie in einem schweren Alptraum, rann die Zeit dahin. Petjka war verlaust, auf seinen gelblichen Wangen sproßte dünner Flaum. Er sah weit älter als siebzehn aus.

Träge, in tiefe Trauer gehüllt, verging Tag um Tag. Doch mit jedem Tage, der sich mit der Sonne verabschiedete, rückten die Roten näher an die Stanitza heran. Unruhe bemächtigte sich der Kosaken und befiel ihre Herzen wie Wassersucht.

Schon in der Frühe, wenn die Weiber die Kühe auf die Weide trieben, war aus der Nachbarschaft des Schtschegoljnij-Gebiets Geschützdonner zu hören. Dumpf rollte das Dröhnen über die in grünlichem Morgendunst schlummernden Höfe hinweg, stieß gegen die Wände der Walkerei und ließ die Marienglasscheiben erzittern.

Oft kletterte Petjka dann vom Ofen, nahm den Mantel um die Schultern und lief auf den Hof hinaus. Bei der alten verkrüppelten Weide ließ er sich nieder, preßte das Ohr an den von einer dünnen Eisschicht überzogenen Boden und hörte, wie die Erde unter den Artilleriesalven greisenhaft stöhnte. Deutlich vernahm er das Maschinengewehrfeuer, das hinter einer Pappelgruppe erklang: Tack-tack-tack-tack ...

Petjka schob den Mantel unter die Knie, damit sie nicht festfroren. Als er sich bequem zurechtlegte, sagte jemand mit verschnupfter Stimme am Zaun:

»Hörst dir wohl die Musike an, Bursche? 'ne lustige Musike, was?«

Petjka fuhr erschrocken zusammen und sprang auf die Füße. Mit bohrendem Blick sah ihn über den Zaun hinweg ein alter Mann an. Die Augen waren von struppigen Brauen überschattet. Unter dem gelblichgrauen Bart des Alten verbarg sich ein Schmunzeln. Petjka erkannte Großvater Alexander, der mit Spitznamen »der Vierte« hieß. Ärgerlich, nur mit Mühe das Beben seiner Stimme unterdrükkend, entgegnete er:

»Geh deiner Wege, Großvater! Was geht dich das an ...«

»Mich geht's gewiß nichts an, nein. Dich aber scheint's was anzugehn, wie?«

»Laß mich in Ruh', Großvater, oder ich werf' dir diesen Stein hier an den Kopf ...«

»Schau mal einer an, was du doch für ein forsches Kerlchen bist! Eigentlich sollte ich dich, du Nichtsnutz, für so viel Ehrerbietung vor dem Alter ein bißchen mit meinem Stock streicheln ...«

»Ich hab' dir nichts getan, also laß mich zufrieden ...«

»'n grüner Rotzjunge bist du noch, wenn man's richtig bedenkt, und doch schon so ein Widerborst!«

Der Alte packte mit beiden Händen einen Zaunpfahl und schwang seinen dürren, aber sehnigen Körper über die Staketen. Er trat an Petjka heran, zog seine zerrissene gestreifte Hose zurecht und hockte sich nieder.

»Hört man Maschinengewehre?«

»Einer hört sie, der andre nicht . . .«

»Wollen mal lauschen!«

Petjka sah mit schrägem Blick eine Weile auf den flach am Boden liegenden Alten nieder und sagte dann zögernd:

»Wenn man sich hinter den Weidenbaum legt, kann man's besser hören . . .«

»Dann los – legen wir uns hinter den Baum!«

Der Alte kroch auf allen vieren hinter die Weide, umklammerte mit beiden Händen die braunen, zutage liegenden Wurzelknorren und verhielt sich geraume Zeit still.

»Ergötzlich!« bemerkte er dann, erhob sich, klopfte den flockigen Rauhreif von den Knien und wandte sich Petjka zu.

»Hör mal zu, mein Junge . . . Ich kann tief in die Erde hineinsehen, ich sehe alles, sehe auch, was du für einer bist . . . Diese Musike können wir uns noch lange anhören, aber mein Sohn und ich – wir haben uns was andres ausgetüftelt . . . Kennst du meinen Jascha? Meinen Jascha, den die Kosaken ausgepeitscht haben, weil er zu den Bolschewiken hält?«

»Ja, den kenn' ich.«

»Nu, wir haben beschlossen, den Roten entgegenzugehn. Wir wollen nicht warten, bis sie hier eintreffen . . .«

Der Alte beugte sich so tief nieder, daß Petjka seinen säuerlichen Atem roch und der Bart ihn am Ohr kitzelte. Der Alte fuhr fort:

»Du tust mir leid, Jungchen . . . Schließ dich an, wir pfeifen auf das ganze Donheer! Einverstanden?«

»Schwindelst du auch nicht, Großvater?«

»Du bist noch viel zu grün, als daß du mich derart verdächtigen dürftest . . . Die Hosen sollte ich dir deswegen strammziehen . . . Ich spreche die Wahrheit. Was hab' ich davon, wenn ich dir zurede! Bleib, wo du bist, wenn du keine Lust hast . . .«

Er ging zum Zaun. Petjka lief ihm nach und hielt ihn am Ärmel fest.

»Augenblick noch, Großvater . . .«

»Was willst du ... Entweder schließt du dich an – gut, oder du schließt dich nicht an – auch gut.«

»Ich komme mit, Großvater! Wann geht's los?«

»Darüber reden wir noch. Schleich dich heute abend zu uns, ich werde mit Jascha auf der Tenne sein.«

Alexander IV., seit jeher aufsässig, konnte im Suff gefährlich werden, nüchtern aber war er ein gutmütiger Kerl. An seinen Familiennamen erinnerte sich niemand mehr. Er hatte in Iwanowo-Wasnesensk bei den Kosaken gedient und sich vor langer Zeit in der Stanitza niedergelassen. Damals hatte er einmal in einer Versammlung, betrunken wie er war, geäußert:

»Euer Zar ist Alexander III. Nu, ich bin zwar kein Zar, immerhin aber Alexander IV. und spucke auf euren Zaren.«

Daraufhin war ihm auf Beschluß der Versammlung das Kosakentum aberkannt worden. Man verurteilte ihn zu fünfzig Peitschenhieben, und das ihm zugeteilte Land wurde eingezogen. Damit wollte man die Angelegenheit auf sich beruhen lassen. Alexander IV. jedoch verneigte sich tief nach allen vier Himmelsrichtungen vor den Alten und sagte, indem er die Hose hochzog und den letzten Knopf schloß:

»Vielen Dank, meine Herren Ältesten, aber das hat mir überhaupt nichts ausgemacht.«

Der Ataman hatte seinen Stab auf die Erde gestoßen und hatte erwidert:

»Wenn es dir nichts ausgemacht hat – dann wiederholen wir die Prozedur!«

Nach den zweiten fünfzig Hieben hatte Alexander IV. keinen Laut mehr von sich gegeben. Er war nach Hause getragen worden, und der Spitzname blieb bis zum Tode an ihm hängen.

Am Abend begab sich Petjka zu Alexander IV. In der Kate hielt sich niemand auf. Im Vorraum knabberte eine Ziege mit dunkel gestreiftem Fell an einem Kohlstrunk. Petjka lief über den Hof zur

Tenne. Das Tor stand sperrangelweit offen. Aus der Dörre klang die heisere Stimme des Alten: »Hierher, Bürschchen!«

Petjka trat ein und grüßte, doch der Alte sah nicht einmal auf. Er kniete vor einem Steinblock, aus dem ein Mahlstein werden sollte, und schlug Rillen ein. Graue Steinsplitter und grünliche Funken spritzten unter den Hammerschlägen hervor. Jakow, der Sohn des Alten, nagelte ein Seitenblech am Kornreiniger fest und hob ebenfalls nicht den Kopf.

›Wozu diese Arbeit‹, dachte Petjka, ›da es jetzt auf den Winter zugeht ...‹ Der Alte machte einen letzten Hammerschlag und sagte, ohne Petjka anzusehen:

»Wir wollen der Alten den Hof in Ordnung zurücklassen. Sie ist ziemlich kratzbürstig und schimpft wegen jeder Kleinigkeit gleich los. Ich hätte ebensogut alles stehen- und liegenlassen können, aber ich fürchte, daß es dann nicht ohne Krach abgeht. ›Ihr haut ab‹, würde sie schelten, ›und wie's zu Hause aussieht, das ist euch egal‹ ...«

In den Augen des Alten blitzte ein Lachen auf. Er richtete sich auf, tätschelte Petjkas Nacken und sagte zu Jakow:

»Mach Schluß, Jascha! Wir wollen mit dem Walkerjungen noch dieses und jenes besprechen.«

Jakow spuckte die kleinen Nägel, die er im Munde hielt, in die Hand und sagte mit breitem Lächeln:

»'n Tag, Roter!«

»Guten Tag, Jakow Alexandrowitsch!« erwiderte Petjka.

»Nu, wie steht's? Hast du dir überlegt, ob du mitkommen willst?«

»Ich hab' doch schon heute morgen Großvater Alexander gesagt, daß ich mich anschließe.«

»Das allein tut's nicht. Man kann sich natürlich bei Nacht und Nebel dünnemachen – und Stanitza, leb wohl! Sollte man aber nicht ein Andenken zurücklassen? Wir haben viel zuviel des Guten hier erlebt ... Meinen Vater haben sie ausgepeitscht, mich haben sie beinahe zu Tode geprügelt, weil ich mich geweigert habe, an die

Front zu gehen, und deinen Vater ... Ach, was soll ich da noch große Worte machen!«

Jakow brachte seinen Mund dicht an Petjkas Ohr und flüsterte, die Brauen hochziehend:

»Ist dir bekannt, mein Junge, daß sie, diese Kanaillen, in den Pferdeställen ein Munitionsdepot eingerichtet haben? Hast du gesehen, wie sie Geschosse und sonst noch allerlei dorthin transportiert haben?«

»Ja, ich hab's gesehn.«

»Und wenn man nun, beispielsweise, alles ansteckt? Was meinst du, was es dann gibt?«

Der Alte stieß Petjka mit den Ellenbogen in die Seite und grinste.

»Furchtbar!«

»Mein Vater sagt ›furchtbar‹ und so weiter. Ich aber bin andrer Ansicht. Die Roten rücken näher und näher ...«

»Sie haben gestern Krutenjkij besetzt«, warf Petjka ein.

»Nu also. Wenn wir hier verschiedenes in die Luft jagen, den Kosaken Munition und Verpflegung vernichten, dann müssen sie sich wohl oder übel bis an den Donez zurückziehen. So ist das nämlich ...«

Großvater Alexander strich sich den Bart und sagte:

»Komm morgen früh, ehe es hell wird, her und warte auf uns. Bring mit, was du für unterwegs brauchst, Mundvorrat ist nicht vonnöten, dafür sorgen wir.«

Petjka ging zum Tor, doch der Alte rief ihn zurück.

»Lauf nicht über den Hof! Auf der Straße treibt sich allerlei Volk rum, klettere lieber über den Zaun und ab durch die Steppe! Vorsicht ist immer am Platze.«

Petjka schwang sich über den Zaun und den dahinterliegenden Graben, den brüchiges Eis bedeckte, und lief an den Tennen und grauen Kornschobern vorbei nach Hause.

*

Während der Nacht kam Ostwind auf und brachte dichten, nassen Schnee mit. Höfe und Gassen lagen im Dunkeln. In den Mantel seines Vaters gehüllt, verließ Petjka die Kate, blieb kurz an der Tür stehen und lauschte. Die Weiden am Bach rauschten und bogen sich unter der Gewalt des Windes. Vorsichtig schlich er zum Hof Alexanders IV.

Aus der Finsternis, vom Schuppen her, eine Stimme.

»Ja.«

»Halte dich weiter links, vor dir liegen Eggen.«

Petjka trat näher. Der Alte und Jakow standen im Schutz des Schuppens. Der Alte bekreuzigte sich und ging zum Tor.

Sie brachen auf, und als sie bei der Kirche ankamen, flüsterte Jakow, ein Husten unterdrückend:

»Petrucha, mein Täubchen, du bist wendiger als wir . . . Dich wird kaum einer hören oder sehen . . . Krieche über den Platz bis zu den Speichern. Weißt du, wo die Munitionskisten gestapelt sind?«

»Ja, ich hab' sie gesehn.«

»Hier, nimm Schwamm, Stahl und Feuerstein! Und hier ist mit Petroleum getränkter Hanf . . . Wenn du drüben bist, schlag unter dem Mantel Feuer. Sobald der Hanf glimmt, wirfst du ihn zwischen die Kisten. Und dann schnell weg – zurück zu uns! – Nu, los! Brauchst keine Bange zu haben . . . wir warten auf dich.«

Jakow und der Alte hockten an der Kirchenmauer nieder, und Petjka kroch auf dem Bauche über den bereiften Platz zu den Speichern.

Der Sturm fährt unter Petjkas dünnen Mantel, die Kälte sticht ihn wie mit glühenden Nadeln in Rücken und Beine. Die Hände werden vom Berühren der Erde steif. Als er den Speicher erreicht, sieht er in ungefähr fünfzehn Schritt Entfernung die Zigarette eines Wachtpostens aufglühen. Unter dem Schindeldach des Speichers heult und pfeift der Sturm und trägt aus der Richtung, wo der rote Punkt der Zigarette glimmt, dumpfes Stimmengemurmel herüber. Ein loses Brett klappert.

Petjka duckte sich tief nieder und zog den Mantel bis über den Kopf hoch. Seine Hände zittern, und die klammen Finger können Schwamm und Stahl kaum halten. Fast geräuschlos trifft der Stahl auf den Feuerstein, doch Petjka kommt es vor, als halle der Laut über den ganzen Platz. Angst legt sich wie eine Schlange um seinen Hals und schnürt ihm die Kehle zu. Der Schwamm ist in seinen steifen Fingern feucht geworden und will nicht Feuer fangen ... Noch ein Schlag und noch einer – da leuchtet rot ein Fünkchen auf – und schon beginnt der Hanf flackernd zu brennen. Petjka schiebt ihn mit zitternder Hand zwischen die Kisten, Geruch sengenden Holzes schlägt ihm in die Nase. Er springt auf und hört im selben Augenblick Schritte, dumpfe, in der undurchdringlichen Dunkelheit erstickende Rufe.

»O Gott! Feuer! Aah – seht doch!«

Petjka warf sich in die Finsternis. Schüsse peitschten hinter ihm drein. Zwei Kugeln streiften pfeifend über seinen Kopf hinweg, eine dritte summte rechts am Ohr vorbei. Als er die Kirchenmauer fast erreicht hatte, erklangen gellende Schreie.

»Feu-er! Feu-er!«

Schüsse krachten.

›Noch bis zur Mauerecke!‹ ist Petjkas einziger Gedanke. Er nimmt alle Kraft zusammen und rennt. Ein zischendes Pfeifen am Ohr. ›Nur noch bis zur Mauerecke.‹ Ein stechender Schmerz durchzuckt sein Bein. Unterhalb des Knies fühlt er es warm und feucht niederrinnen. Er hinkt ein paar Schritte weiter, stürzt, rafft sich auf, kriecht auf allen vieren ...

Der Alte und Jakow hatten geduldig gewartet. Sie hörten das Seil der großen Glocke im Winde hin und her schwingen, während die Klöppel der kleinen Glocken mit leisem Geklirr anschlugen, dann vernahmen sie von den Speichern her, die in der Dunkelheit schwarzen Hügeln gleichen, undeutliches, vom Sturm zerfetztes Geschrei, sahen einen Feuerschein anfzüngeln, hörten Schießen ... Plötzlich, unmittelbar vor ihnen an der Mauer, keuchendes Atmen, ein Flüstern:

»Großvater – hilf! Mein Bein ...«

Der Alte und Jakow faßten Petjka unter die Arme und rannten, ihn mitziehend, in ein dunkles Gäßchen hinein. Sie strauchelten, liefen, stolperten ... Sie waren noch nicht weit gekommen, als das Sturmgeläute der Kirchenglocke die Stille zerriß und über die schlafende Stanitza flog.

Großvater Alexander, im Laufen die Beine weit nach vorn werfend, keucht schwer, sein wehender Bart streift Petjkas Wange.

»Zu den Gärten, Vater ... Zu den Gärten!«

Sie überquerten einen Graben und blieben stehen, um zu verschnaufen.

Getöse in der Stanitza, als berste die Erde. Eine rote Feuersäule, höher als der Kirchturm. Schwarze Rauchwolken. Und dann wieder eine Explosion und noch eine ...

Stille.

In der Stanitza fingen alle Hunde gleichzeitig an zu heulen. Erneutes Sturmgeläute setzte ein. Aus den Höfen drang das Kreischen der Weiber. Beim Versammlungsplatz leckten die Flammen über die geborstenen Speichermauern, griffen langzüngig nach den Gebäuden des Popen.

Jakow, der bei einem Schwarzdornstrauch kauerte, flüsterte den anderen zu:

»Jetzt kommen wir nicht weiter. In der Stanitza ist es taghell. Außerdem müssen wir erst feststellen, was mit Petjkas Bein los ist ...«

»Ja«, erwiderte der Alte, »wir müssen warten, bis es hell wird, müssen abwarten, bis sich die Leute beruhigt haben. Dann wollen wir versuchen, in den Staatswald zu entkommen.«

»Vater, Sie sind zwar ein bejahrter Mann, faseln aber wie ein Kind. Wie stellen Sie sich das vor? Auf uns fällt doch zuallererst der Verdacht, und wahrscheinlich suchen sie uns schon überall. Wenn wir uns zu Hause blicken lassen, sind wir geliefert.«

»Hast recht, Jascha, so wird's wohl sein.«

»Vielleicht können wir uns in unserer Scheune verstecken?« schlug Petjka mit schmerzverzerrtem Gesicht vor.

»Ja, das ginge vielleicht. Ist was drin?«

»Kiseki.«

»Gut. Dann also los! ... Vorsichtig, Vater, nicht so überstürzt ... Am besten, Sie gehen hinter uns her ...«

Bis zum Hellwerden hatten Jakow und Petjka in der Scheune eine tiefe Grube ausgehoben und eine Wand aus Kiseki vor ihr aufgeschichtet. Sie polsterten den Boden und die Wände mit Heu, um die Kälte abzuhalten, stiegen hinein und zogen ein Geflecht aus trockner Vogelwicke und Melonenranken über sich.

Jakow riß einen Streifen Leinwand von seinem Hemd und verband Petjkas verletztes Bein. Sie blieben bis zum Abend in der Grube sitzen. Am Morgen waren Leute auf den Hof gekommen, gedämpft hatten sie das Reden und das Klappern des Türschlosses vernommen. In unmittelbarer Nähe hatte eine Stimme gesagt:

»Der Walkerjunge arbeitet höchstwahrscheinlich irgendwo in der Stanitza. Es lohnt sich nicht, Bruder, das Schloß zu demolieren, in der Walkerbude gibt's ja doch bloß verlauste Wolle, viel mehr ist da nicht zu holen ...«

Die Schritte hatten sich wieder entfernt.

In der Nacht setzte starker Frost ein. Schon am Abend hatte es in der Erde, in der noch die Herbstnässe steckte, zu knacken und zu bersten begonnen. Wolkenfetzen flogen über den schräg stehenden Halbmond. Hier und da blinkten auf dunkelblauem Grund Sterne zwischen dem Gewölk.

Es ist warm in der Grube. Großvater Alexander, das Kinn auf den Knien, ist eingenickt und schnarcht leise. Seine Füße bewegen sich im Schlaf. Petjka und Jakow unterhalten sich flüsternd.

»Vater! Aufwachen ... 's ist Zeit, wir müssen aufbrechen ...«

»Wie? Was sagst du? Aufbrechen ... Gut ...«

Vorsichtig schoben sie die Kiseki beiseite und öffneten leise das

Scheunentor. Im Hof und auf der Gasse ist keine Menschenseele zu sehen und zu hören.

Sie ließen den letzten Hof hinter sich, gelangten über eine Wiese in die Steppe hinaus und krochen auf allen vieren ungefähr hundert Faden durch den Schnee bis zu einem steilen Abhang. Die Stanitza schien mit ihren erleuchteten Fenstern, die wie helle Sommersprossen anmuteten, angestrengt über die Steppe zu spähen. Behutsam, wie Jäger auf der Pirsch, schlichen sie durch eine Schlucht, die zum Staatswald führte. Hier und da hatte der Wind auf dem steinigen Grunde den Schnee zusammengetrieben. Bläulich schimmerten auf den Wehen kreuz und quer laufende Hasenspuren.

Ein Ausläufer der Schlucht endete nahe beim Staatswald. Sie stiegen auf eine kleine Anhöhe, hielten nach allen Seiten Ausschau und schritten ohne Hast auf den Wald zu.

»Der Weg bis Schtschegoljsk ist gefährlich«, sagte der Alte, »die Front verläuft in der Nähe, wir könnten auf Weiße treffen.«

Jakow versuchte eine ganze Weile vergeblich, Feuer zu schlagen. Klickend glitt der Stahl vom Feuerstein ab, die Funken spritzten seitwärts weg. Endlich fing der Schwamm Feuer und begann stinkend zu qualmen. Jakow brannte sich eine Zigarette an, und erst nach zwei Zügen antwortete er dem Vater.

»Ich schlage vor, unsern Freund, den Waldhüter Danila, aufzusuchen. Er kann uns wahrscheinlich sagen, wie wir am besten durch die Stellungen kommen, und Petjka könnte sich gleich ein bißchen aufwärmen, denn sonst erfriert er uns noch.«

»Mir ist aber gar nicht kalt, Jakow Alexandrowitsch«, protestierte Petjka.

»Nu, gib nicht an, du Küken! Dein Mantel ist was für'n Sommer, bei dieser Kälte aber taugt er nichts.«

»Also los, Jascha! Vorwärts, mein Junge!« erwiderte der Alte. »Seht mal, wie hoch der Große Bär schon steht. 's ist bald Mitternacht.«

Ungefähr fünfzig Faden vor der Behausung des Waldhüters, in der Licht schimmerte, machten sie halt. Träge stieg der Rauch aus dem Schornstein empor. Der Halbmond stand schräg über dem Wald.

»Wahrscheinlich ist er allein. Kommt!«

Bei der Scheune schlug ein Hund an. Die vereisten Holzstufen der Haustürtreppe knarrten. Sie klopften an.

»Ist der Hausherr daheim?«

Im Fensterrahmen tauchte ein bärtiger Kopf auf.

»Ich bin zu Hause. Wer ist da?«

»Gute Bekannte, Danila Lukitsch. Laß uns um Christi willen eintreten, damit wir uns ein bißchen aufwärmen können.«

Im Vorraum knarrte ein Riegel, eine Tür quietschte, und der Waldhüter trat über die Schwelle. Eine Hand über den Augen, in der anderen ein Gewehr, das er hinter dem Rücken zu verbergen suchte, betrachtete er die Ankömmlinge.

»Ach, du bist's, Großvater Alexander?«

»Ja . . . Können wir bei dir übernachten?«

»Hm . . . Kommt rein, irgendwie werden wir schon Platz schaffen.«

Der kleine Raum ist überheizt. Auf einer Decke vor dem Ofen drei Gestalten. Die Köpfe ruhen auf Sätteln, die Gewehre lehnen in der Ecke. Jakow schob sich rückwärts zur Tür.

»Wer hat sich denn bei dir einquartiert, Danila?«

Einer der drei auf der Decke:

»Hast uns wohl nicht erkannt, wie? Schon seit gestern warten wir auf euch . . . Haben uns gedacht: Wenn sie sich durch den Staatswald verziehn, dann gehn sie an Danilas Hütte nicht vorbei . . . Nu, teure Gäste, macht's euch bequem! Wir wollen gemeinsam hier übernachten und morgen befördern wir euch ohne Umstände auf die Zarenschaukel . . . Der Strick für euch ist schon parat!«

Die Kosaken waren inzwischen aufgesprungen und hatten ihre Gewehre ergriffen.

»Los, Semjon, feßle die Brandstifter!«

*

Zwei der Kosaken ruhen auf der Decke; der dritte sitzt am Tisch, hat das Gewehr zwischen den Beinen und nickt immer wieder ein.

Danila wirft dem Alten ein paar Lumpen zu und sagt:

»Schieb dir das unter, Großvater, 's ist wenigstens etwas für die alten Knochen.«

»Paß auf, du Weichmatz, daß du nicht gleich selber drauf liegst! ... Hörst du, Waldhüter! Nimm die Lumpen zurück ... Die Halunken haben die Speicher in die Luft gesprengt, 's wäre nur recht und billig, wenn wir sie draußen in der Kälte, bei der Hündin, schlafen ließen ...«

Kurz vor Tagesanbruch sagte der Alte zum Posten:

»Laß mich raus, Söhnchen, ich muß mal ...«

»Ach was, Großvater, piß in die Hosen oder in die Stiefel! Morgen baumelst du sowieso am Galgen, und da trocknet's wieder.«

Als sich das erste Grau des Wintermorgens im Fenster zeigte, standen die Kosaken auf, wuschen sich und setzten sich an den Tisch, um zu frühstücken. Jakow flüsterte dem Vater und Petjka heimlich zu:

»Ich hab' während der Nacht den Strick durchgescheuert ... Sobald wir bei der Stanitza ankommen – fort über die Wiesen zum Steinbruch! In den Stollen kriegen sie uns nicht ...«

Sie marschierten los, die drei Gefangenen mit einem Strick aneinandergefesselt. Petjka, der wegen des verwundeten Beins humpelte, knirschte vor Schmerz mit den Zähnen.

Die grausträhnigen Wiesen um die Stanitza gleichen gelösten, im Fieberwahn zerzausten Weiberzöpfen. Als die Eskorte mit den Gefangenen in die erste Gasse einbog, zerriß Jakow, die Lippen blaß und verzerrt, den Strick, sprang zur Seite und rannte auf eine Wiese. Großvater Alexander und Petjka hetzten hinter ihm drein, und dann schlug jeder der drei eine andere Richtung ein. Hinter ihnen erhob sich Gebrüll.

»Halt! Verflucht noch eins! Halt!«

Schüsse. Pferdegetrappel.

Petjka setzte über einen Graben, blickte sich um und sah Großvater Alexander, von einem Kopfschuß getroffen, vornüber in eine Schneewehe purzeln.

Die weiße Kuppe des Berges, auf den sie zulaufen, scheint ihnen entgegenzufliegen. Die Stolleneingänge – dunkel wie leere Augenhöhlen. Jakow verschwindet als erster in einer der Höhlen. Petjka folgt ihm.

Sie krochen, sich windend, durch die lastende Finsternis, schrammten sich die Glieder blutig, die Kleidung zerfetzte, immer wieder stieß Petjkas Kopf gegen Jakows Stiefel. Die Höhle verzweigte sich. Sie krochen nach links weiter. Petjkas Hände tasteten über gefrorenen Lehm, Schweiß rann ihm ins Genick.

Eine Vertiefung.

Sie glitten hinein und kauerten nieder.

»Weh mir! Meinen Vater haben sie sicher getroffen ...«

Die Stimmen dröhnen fremd und hohl. Die Finsternis klebt ihnen die Augen zu.

»Sie werden versuchen, uns auszuhungern, Petjka ... Vielleicht müssen wir wie Maulwürfe verrecken ... Aber – wer weiß ... Sie werden sich kaum trauen, hinter uns herzukriechen. Diese Stollen haben wir, der Vater und ich, schon vor dem Kriege beim Steinebrechen in den Berg getrieben. Ich kenne alle Gänge ... Komm, kriechen wir weiter ...«

Zwei Tage und Nächte brachten sie in der dichten, zähen Finsternis zu. Die Stille brauste ihnen in den Ohren. Sie wechselten fast kein Wort miteinander. Irgendwo über ihnen sickerte Wasser durch die Erde. Sie schliefen, wachten auf, schliefen wieder ein ...

Dann krochen sie, wie junge neugeborene Hunde gegen die Wände stoßend, zum Eingang zurück. Das Tageslicht, das sie nach langem Umherirren wahrnahmen, stach ihnen schmerzhaft in die Augen.

Am Stollenausgang graue Aschehäufchen, Zigarettenstummel, Patronenhülsen, zahllose Fußspuren. Sie ließen den Blick schweifen und sahen auf der Straße zur Stanitza Kavallerie. Die Gäule hatten gestutzte Schweife. Als grauer Haufe folgte Infanterie. Eine rote Fahne flatterte im Winde, der Stimmengewirr, Kommandos, das Knirschen von Schlittenkufen herübertrug.

Sie stürzten aus dem Stollen, rannten los, stolperten, fielen hin. Jakow winkte mit den Armen und schrie mit hoher, sich überschlagender Stimme:

»Brüder! Genossen ...«

Der Reiterzug – ein Gewimmel brauner Pferdeleiber, in das die dreckbespritzten Infanteristen hineindrängen.

Jakow sank schluchzend und an allen Gliedern zitternd auf die Knie, um die eisenbeschlagenen Stiefel der Rotarmisten zu küssen. Petjka aber wurde von vielen Händen in einen Schlitten gehoben, auf ein Bündel duftenden Steppenheues gebettet und mit Mänteln zugedeckt.

Der Schlitten gleitet schaukelnd dahin. Wie einst vom Kittel des Vaters, geht von den Mänteln der vertraute Geruch sauren Schweißes aus. Petjka schwindelt es, er spürt Übelkeit aufsteigen, doch in seinem Herzen regt sich Freude, die aufblüht wie Roggen nach einem Mairegen. Jemand hebt einen Mantelzipfel hoch, und ein bartloses, wettergebräuntes Gesicht, über dessen Lippen ein Lächeln huscht, beugt sich über ihn.

»Noch am Leben, Freund? Magst du Zwieback?«

Vorgekauter Zwieback wird Petjak in den Mund geschoben, seine steifen Finger werden mit rauhen Fäustlingen warmgerieben. Er will etwas sagen, doch der volle Mund hindert ihn daran, Tränen ersticken die Stimme. Er faßt nach der harten, schmutzigen Hand und preßt sie an die Brust.

II

Ein großes, blechgedecktes Haus mit sechs blanken Fenstern und hellblauen Läden auf der Straßenseite. Einst hat hier der Stanitza-Ataman gewohnt. Jetzt gehört es dem Komsomol. Ein trüber, feuchter Septemberabend im Jahre 1920. Nächtliche Dunkelheit in Gärten und Gassen.

Im Jugendklub eine Versammlung. Qualm und Stimmengewirr. Am Tisch: Pjotr Kremnjow, der Sekretär der Zelle, neben ihm der Funktionär Grigorij Rasskow. Wichtigster Punkt der Tagesordnung: Die vorbildliche Bestellung des der Zelle zugeteilten Ackerlandes.

Nach halbstündiger Debatte das Protokoll: ›Genosse Rasskow sprach über die Landzuteilung im Gebiet Krutenjkij. Beschluß: Die Genossen Kremnjow und Rasskow werden mit der sofortigen Besichtigung und Vermessung beauftragt.‹

Schritte poltern zur Tür, das Licht geht aus. Petjka verweilt an der Hausecke und sieht Rasskows weißen Kittel mit der grauen Dunkelheit eins werden. Stille über der schlummernden Stanitza. Petjka ruft dem Davongehenden nach:

»Grischka – höre! Die Herbstbestellung hat angefangen ... Die Fuhrwerke werden gebraucht, wir gehen zu Fuß ...«

Schwindsüchtiges Morgenrot. Über den festgetretenen Weg ist kurz zuvor die Viehherde hinausgetrieben worden. Der Staub haftet noch an den Spitzen des Steppengrases. Wie Würmer kriechen die Pflüger mit ihren Ochsengespannen über die Äcker am Hügelhang. Der Wind trägt die Rufe der Treiber, Pfiffe und Peitschenknallen herüber.

Schweigend schritten Petjka und Grigorij aus. Als die Sonne im Zenit stand, waren sie am Ziel: ein Dutzend Taurierhöfe in einer Steppenschlucht. Eine Frau mit aufgesteckten Röcken wusch Wäsche am Staudamm. Auf der andern Seite standen buntscheckige Kühe bis zum Bauch im Wasser. Stumpf blickten sie den Ankömmlingen entgegen. Die Leitkuh, die irgend etwas erschreckt hatte, raste plötzlich, den Schwanz hochgestellt, die Böschung hinauf; die Herde folgte ihr. Der graubärtige Hirte knallte laut mit der Peitsche, und der Hütejunge flitzte, daß seine schmutzigen Beine nur so flogen, hinter der Herde her, um sie zurückzutreiben. Auf der

Tenne, das Rattern der Dampfdreschmaschine übertönend, erklang eine melodische Mädchenstimme:

»Garpischka – schau mal! Ich glaub', die Roten sind da.«

Die beiden Burschen suchten den Vorsitzenden bis zum Abend. Dann aßen sie in ihrem Quartier duftende Melonen und beschlossen, das Land am anderen Tage zu besichtigen. Die Bäuerin machte ihnen im Vorraum ein Nachtlager zurecht. Grigorij schlief sofort ein. Petjka aber drehte sich schlaflos lange Zeit von einer Seite auf die andere, versuchte sich der Flöhe unter dem Schafspelz zu erwehren und grübelte darüber nach, wie wohl die Felder aussehen mochten, die ihnen der spitzbübische Vorsitzende zugedacht hatte.

Der hölzerne Türriegel knarrte, als der Bauer um Mitternacht das Haus verließ. Er warf einen Blick auf den sternbedeckten Himmel und ging in den Pferdestall, um die Krippen aufzufüllen. Der Brunnengalgen quietschte, draußen in der Steppe erklang langgezogen das Wiehern eines Fohlens. Gedämpfte Stimmen auf dem Hofe. Petjka wurde hellwach.

Grigorij knirschte mit den Zähnen, drehte sich nach der andern Seite, und kummervoll murmelte er im Schlaf:

»Der Tod, Bruder – kein Kinderspiel.«

Der Bauer trat mit Stiefelgepolter in den Vorraum.

»He, ihr Burschen – hört mal!«

»Ja?«

»Weiß der Teufel ... Eben kommt einer der Unsrigen aus Wershinsk zurück und erzählt, daß es von Machno* besetzt worden ist.«

Petjka brummte:

»Und das Land? Wir haben doch den Weg nicht umsonst gemacht ... Erst vermessen wir unser Stück und dann gehen wir!«

Petjka wurde bei Sonnenaufgang wach. Ihm hatte geträumt: Jemand geht während einer Versammlung im Bezirkskomitee mit schweren Schritten über das Blechdach, das Blech biegt sich durch und macht bu-u-uch – ba-a-ach. Sofort war sich Petjka im klaren:

* Batjko Machno, ein Bandenführer, der sowohl die Weißen als auch die Roten bekämpfte.

Geschützdonner – und das Herz wurde ihm schwer.

Die wütend kläffenden Hunde abwehrend, machten sich Petjka und Grigorij in Begleitung des Vorsitzenden eilig auf und nahmen ein hölzernes Fadenmaß mit.

»Wieviel Werst sind es bis Wershinsk?« erkundigte sich Grigorij.

Petjka schritt schweigend aus und zupfte die roten Köpfchen des Tatarenkrautes ab, das am Wegrand blühte.

»An die dreißig Werst werden's wohl sein . . .«

»Nu, dann werden wir wohl mit dem Vermessen fertig werden.«

Sie ließen die Melonengärten hinter sich und erklommen eine Anhöhe. Petjka, der aus Versehen die Patronentasche hatte fallen lassen, drehte sich um, um sie aufzuheben – und erstarrte:

Jenseits der Stanitza ritt Kavallerie in geordneter Formation einen Hügel hinab. Wie eine lahme Vogelschwinge flatterte dem Zuge eine schwarze Fahne voran.

»Verflucht noch mal! . . .«

Um Grigorijs Lippen lief ein Zucken, sein Gesicht wurde aschfahl. Dem Vorsitzenden fiel das Fadenmaß aus der Hand, die unbewußt nach dem Tabaksbeutel in der Hosentasche griff. Petjka glitt in eine Schlucht. Grigorij rutschte hinter ihm her. Sie stolperten über die eigenen Füße, die ihnen nicht gehorchen wollten, und kamen, so schien es ihnen, nur im Schneckentempo voran. Ihr Herz schlug zum Zerspringen, die Gaumen brannten wie Feuer.

Auf dem Grunde der Schlucht, in der Wasser gestanden hatte, roch es nach Schlamm. Ihre Füße blieben hängen. Petjka streifte geschwind seine Stiefel ab, nahm sie in eine Hand und hielt das Gewehr schußbereit in der andern. Grigorijs Gesicht war grünlich geworden, er atmete pfeifend, sein Mund verzerrte sich. Er warf sich zu Boden und schleuderte das Gewehr weit von sich.

»Wirf deine Knarre auch weg, Petjka, sonst machen sie uns kalt, wenn sie uns schnappen!«

Petjka fuhr auf.

»Bist du verrückt geworden? Nimm das Gewehr sofort wieder an dich, du Saukerl!«

Grigorij nahm die Waffe widerwillig auf und hielt sie schlaff am Riemen. Feindselig durchbohrten sie einander mit schweren Blikken. Dann liefen sie weiter. Kurz vor dem Ausgang der Schlucht warf sich Grigorij wieder hin. Petjka knirschte vor Zorn mit den Zähnen, faßte den mageren Leib des Genossen unter den Achseln und schleifte ihn mit.

Die Schlucht endete in mehreren Ausläufern. Grauer Wermut, Pferdegerippe. Einer der Ausläufer stieß auf einen Acker, auf dem ein Bauer neben der Arba gerade die Pferde vor den Pflug spannte.

»Los, die Gäule her... Machno-Leute sitzen uns auf den Fersen...«

Petjka griff ins Zaumzeug, der Bauer stieß ihn zurück.

»Nichts da! Die Stute ist trächtig... Auf der kannst du nicht reiten!«

Der kräftige Bauer umklammerte mit seinen knotigen Fingern den Gewehrlauf. Petjka fing dessen bösen, stechenden Blick auf, und im nämlichen Augenblick durchzuckte ihn der Gedanke: er reißt das Gewehr an sich und knallt mich wegen der trächtigen Stute über den Haufen – sah die rötlichen Borsten auf den Wangen und das Zucken der Mundwinkel. Er entwand ihm das Gewehr und ließ das Schloß vernehmlich knacken.

»Zum Teufel mit euch!«

Der Bauer bückte sich nach dem Beil, das neben dem Gespann lag. Petjka, von Übelkeit gewürgt, ließ den Gewehrkolben auf den steilen Hinterkopf niedersausen. Die Beine des Bauern zuckten krampfhaft wie die einer Spinne.

Grigorij durchhieb die Geschirrstränge und schwang sich auf die Stute. Petjka nahm das andere Pferd, einen Grauschimmelwallach, der unter ihm tänzelte. Sie preschten über den Acker zur Straße und hetzten auf ihr weiter. Laut klapperten die Hufe. Petjka blickte zurück. Über der Schlucht Staubwölkchen. Die Verfolger, zu einer Kette auseinandergezogen, sprengten in voller Karriere hinter ihnen her.

Nach ungefähr fünf Werst verringerte sich der Abstand immer

mehr. Den Kopf hochgeworfen, kam das an der Spitze der Verfolger liegende Pferd in wilden Galoppsprüngen näher und näher. Die schwarze Burka des Reiters flog.

Grigorijs Stute wurde zusehends langsamer; sie keuchte und wieherte abgerissen.

»Die Stute wird fohlen ... Petjka, ich bin verloren ...«, rief Grigorij seinem Kameraden durch den schneidenden Wind zu. Als sie um einen Wachhügel bogen, sprang Grigorij im vollen Galopp ab. Das Pferd stürzte. Petjka ritt noch ein Stück weiter, besann sich, zog hart die Zügel an.

»Was willst du tun?« rief Grigorij weinerlich.

Geschickt und sicher schob Petjka einen Ladestreifen in die Gewehrkammer, schwang sich vom Pferd, zielte im Knien auf die heranfliegende schwarze Burka. Als die Patronenhülse heraussprang, lächelte er.

»Der Tod, Bruder – das ist kein Kinderspiel!«

Er feuerte noch einmal. Das Pferd des Verfolgers stieg hoch, die schwarze Burka glitt zur Erde, ein Fuß des Reiters blieb im Steigbügel hängen, in Wolken von Staub jagte das Pferd querfeldein davon.

Petjka blickte ihm mit leeren Augen nach und setzte sich grätschbeinig auf die Straße. Grigorij zerrieb eine duftende Quendelblüte zwischen seinen schweißfeuchten Handflächen und lächelte verstört.

»Nu, jetzt ist's aus!« flüsterte Petjka beinahe lautlos und ließ sich vornüber auf die Erde sinken.

Die Mitglieder des Exekutiv-Komitees vergruben in Säcke eingenähte Papiere auf dem Hofe. Der Vorsitzende Jakow Tschetwjorty reparierte in der Nähe der Tür ein altes Maschinengewehr. Alle warteten schon seit dem Morgen auf die Rückkehr der Kundschafter, die nach Krutenjkij geritten waren. Um die Mittagsstunde rief Jakow den jungen Antoschka Gartschow, der gerade über den Hof lief, zu sich heran und sagte mit einem Lächeln in den Augen:

»Nimm dir das beste Pferd aus dem Stall und reite nach Krutenjkij! Vielleicht stößt du auf unsere Kundschafter – richte ihnen aus, sie sollen in die Stanitza zurückkommen ... Hast du eine Knarre?«

»Hab' ich und zwanzig Patronen auch.«

»Nu, dann los!«

Fünf Minuten später jagte Antoschka, den Vorsitzenden mit seinen grauen Augen anblitzend, wie ein Wirbelwind vom Hof und verschwand in einer Staubwolke. Nach einem Weilchen sah Jakow, der dem Jungen nachgeblickt hatte, dessen bloßen, kraushaarigen Kopf und den im Takt schwingenden Pferdehals wieder auftauchen. Er blieb noch einen Augenblick stehen und ging dann in den von Spinnweben grauen Vorraum, wo sich alle Angehörigen der Zelle eingefunden hatten. Er streifte sie mit müden Blicken und sagte:

»Ich habe Antoschka auf Patrouille geschickt ...«, und fügte, mit den Fingern trommelnd, hinzu: »Ob die beiden Burschen sich wohl vor Machno in Sicherheit gebracht haben?«

Sie schlichen durch die hallenden, leer gewordenen Räume des Komitees, lasen die schon tausendmal gelesenen Verse Demjan Bednys* auf den aushängenden Plakaten.

Eine Stunde verging und noch eine. Endlich kehrten die Kundschafter zurück. Ohne die Pferde anzubinden, eilten sie zum Hauseingang. Der vordere, über und über mit Staub bedeckt, rief:

»Wo steckt der Vorsitzende?«

»Da kommt er schon!«

»Nu, was gibt's? Was habt ihr festgestellt? Sind's viele? Können wir uns auf dem Kirchturm halten?«

»Wir sind auf ihre Vorhut gestoßen und mit knapper Not davongekommen ... Alles in allem werden's an die Zehntausend sein ... Wie ein Krähenschwarm ...«

Mit sorgenvoll gerunzelten Brauen fragte der Vorsitzende:

»Seid ihr Antoschka begegnet?«

* Revolutionärer Dichter, 1883–1945

»Bei der Krutenjkij-Niederung haben wir einen einzelnen Reiter gesehen. Wer es war, konnten wir nicht erkennen. Wahrscheinlich hat ihn Machno geschnappt . . .«

Alle drängten sich zu einem dichten Haufen zusammen. Der Vorsitzende, der an seinem struppigen Bart zerrte, würgte gepreßt hervor:

»Die beiden Burschen, die das Land vermessen sollten . . . hat's sicher erwischt . . . und Antoschka auch . . . Wir werden im Schilf Schutz suchen müssen . . . Gegen Machno kommen wir nicht an.«

Der Getreideeinnehmer riß den Mund auf und schien etwas sagen zu wollen, doch da rief bei der Tür eine aufgeregte, krächzende Stimme:

»Auf, Genossen! Auf dem Hügel – Kavallerie!«

Die Stanitza – wie vom Winde leergefegt. Geschlossene Fensterläden. Stille. Die Höfe ausgestorben. Nur am Zaun, im Steppengras, gackerte laut ein aufgescheuchtes Huhn.

Der Wind trieb Antoschkas Hemd im Rücken zu einer knallenden Blase auf. Wenn man ohne Sattel reitet, empfindet der Körper jeden Schritt des Pferdes als schmerzhaften Stoß. Antoschka straffte die Zügel und wollte gerade eine Anhöhe hinaufreiten, als er eine Werst vor sich unvermutet eine Hundertschaft Reiter und zwei Tatschanken erblickte.

›Machno-Leute‹! durchzuckte es ihn im selben Augenblick. Er gab die Zügel frei, stechende Kälte fuhr ihm über den Rücken. Der Gaul aber wollte wie aus Trotz nicht vom ruhigen Trab in Galopp übergehen.

Gejohle erhob sich. Schüsse krachten. Er war entdeckt worden. Der Wind peitschte ihm ins Gesicht, die Augen begannen zu tränen, in den Ohren klang schneidendes Pfeifen. Erst als er den Dorfrand erreicht hatte, wagte er sich umzublicken. Im vollen Galopp sprang er ab und rannte geduckt zum Zaun. ›Nicht über den Platz – da sehn sie mich und holen mich ein – ich muß über den Zaun – zum Kirchturm . . .‹, war sein einziger Gedanke.

Seine Linke umspannte das Gewehr, mit der Rechten stieß er die Kirchentür auf, huschte barfuß über den laubbedeckten Estrich. Die Wendeltreppe des Turms. Weihrauch- und Modergeruch. Gestank von Taubenmist.

Auf der obersten Plattform angekommen, warf sich Antoschka flach auf den Boden. Stille. Hähne krähen in der Stanitza. Er legt das Gewehr und die Patronentasche neben sich, wischt den klebrigen Schweiß von der Stirn. In seinem Kopf schwirren die Gedanken durcheinander: ›Ganz egal – ich schieße . . . Erschlagen werd' ich so und so . . . Petjka Kremnjow hat mal gesagt, Machno ist 'n Kapitalistenknecht . . .‹

Ihm fällt ein, daß sie vor einer Woche am andern Flußufer zur Übung auf einen Wagen geschossen haben und daß er, Antoschka, das Ziel viel öfter als die andern Burschen getroffen hat . . . In seiner Kehle juckt und sticht es, aber das Herz schlägt wieder ruhiger.

Sechs Reiter kamen auf den Platz geritten, saßen ab und schlangen die Zügel um die Staketen des Schulhofzauns. Antoschka schob mit zuckenden Fingern einen Ladestreifen in die Gewehrkammer. Sein Herz begann erneut heftig zu schlagen. Um sein Zittern zu unterdrücken, biß er fest die Zähne aufeinander.

Aus einer Seitengasse stürmte noch ein Reiter auf den Platz. Das Pferd tänzelte und drehte sich mehrmals um sich selbst. Der Reiter gab ihm die Pljotka und verschwand ebenso schnell, wie er aufgetaucht war. Antoschka, der erkannt hatte, daß es ein Kosak war, folgte der grünen, über der Kruppe des Pferdes auf und ab wippenden Feldbluse mit den Augen und seufzte. – Wagengerumpel, Getrappel ungezählter Pferdehufe. Eine Geschützabteilung ratterte vorbei. Die Stanitza wimmelte von Infanteristen wie ein Kadaver von Maden. Tatschanken, Munitionswagen, Troikas – mehr als die Straßen fassen können . . . Antoschka überlief ein leichtes Frösteln. Seine klammen Finger, die nicht die seinen zu sein schienen, schoben das Gewehrschloß zu. Zwischen den Querbalken über ihm gurrte eine Taube.

›'n Weilchen wart' ich noch . . .‹

Die abgesessenen Machno-Leute hatten ihre Gäule gefüttert und lagen nun am Zaun zwischen ihnen. Ihre bunten Pluderhosen und farbfrohen Gürtel leuchteten wie Kieselsteine im Flußbett. Ein Durcheinander von Stimmen. Schallendes Gelächter. Ohne Unterlaß rollten Tatschanken, immer zwei nebeneinander, die Straße entlang. Antoschka beschloß zu schießen, legte an und nahm die graue Pelzmütze eines MG-Schützen aufs Korn. Der Schuß krachte, der Mann sackte getroffen zusammen. Ein zweiter Schuß – der Fahrer einer Tatschanka, dem die Zügel entglitten, purzelte unter die Räder. Noch ein Schuß und noch einer ...

Die am Zaun angebundenen Gäule scheuten, wieherten wie wild. Ein verwundetes Beipferd schlug in den Strängen um sich, und vor der Schule kippte ein MG-Wagen in voller Fahrt um, der Lauf der in einer weißen Schutzhülle steckenden Waffe bohrte sich in die Erde.

Pferdegewieher, Geschrei, Kommandos, unregelmäßig abgefeuerte Schüsse. Der Lärm hing wie eine Wolke über dem Kirchturm. Klirrend machte die Geschützabteilung kehrt und jagte zurück. Über Antoschka fuhr klatschend eine Kugel in einen Querbalken. Er war entdeckt. Leergefegt der Platz. Ein Machnowetz in Matrosenuniform, der im Schuleingang in Stellung gegangen war, ließ sein Maschinengewehr rattern. Mit kläglichem Pfeifen prallten die Kugeln von der alten, grünspanüberzogenen Kirchenglocke ab. Ein Querschläger traf Antoschkas Arm. Antoschka schob sich ein Stück zurück, stand auf, preßte sich an die Mauer und feuerte wieder: Der Matrose warf die Arme hoch, drehte sich um die eigene Achse und fiel vornüber auf die ausgetretenen Stufen.

Beim Friedhof am Dorfrande protzte eine Haubitze ab und richtete ihren gähnenden Schlund gegen das Kirchlein. Beim Dröhnen des Abschusses erbebte die Stanitza. Das Geschoß traf die Kirchenkuppel. In einer Wolke von Staub prasselten Ziegelsteine nieder, schlugen gegen die Glocke, die empört aufschrie, und überschütteten Antoschka.

*

Petjka lag, ohne sich zu rühren, mit dem Gesicht nach unten auf der Erde, roch den süßen Quendelduft und hörte den Hufschlag näher kommen. Jähe, die Seele umkehrende Übelkeit stieg in ihm hoch. Er hob den Kopf, ein Schütteln packte ihn, als er über Grigorijs Leinenbluse ein schaumiges Pferdemaul erblickte, einen blauen Kosakenkaftan und das wetterbraune Gesicht mit schrägen Kalmückenaugen.

Ungefähr eine halbe Werst weit entfernt, suchten mehrere Reiter den Gaul einzufangen, der einen zerschundenen Menschenleib in einer zerfetzten Burka hinter sich herschleifte. Grigorij fing wie ein Kind zu schluchzen und zu wimmern an und rief mit versagender Stimme etwas Unverständliches. Petjkas Herz krampfte sich zusammen. Mit starrem Blick sah er, wie sich der Kalmück aus seiner schrägen Haltung in den Steigbügeln aufrichtete und ein heller Stahlblitz aufleuchtete. Grigorij, beide Arme hochwerfend, fiel mit gespaltenem Schädel plump auf die Knie und sank dann röchelnd zur Seite. Ein Blutstrom schoß aus seiner Kehle.

Das letzte, was Petjka wahrnahm, ehe er die Besinnung verlor, waren Grigorijs zuckende Beine und die rote Narbe in der Fratze des Kalmücken. Als die scharfen Dorne der Hufeisen ihm in die Brust drangen und eine Roßhaarschlinge seinen Hals zuschnürte, tanzten feurige Funken vor seinen Augen. Wie rasend drehte sich alles im Nebel.

Als Petjka wieder zu sich kam, spürte er in den Augen einen grausigen Schmerz. Er befühlte sein Gesicht und merkte mit Entsetzen, daß ein Auge ausgelaufen war. Das andere tränte und war zugeschwollen. Durch einen schmalen Lidspalt konnte er nur undeutlich Pferdeköpfe und menschliche Gestalten erkennen. Jemand beugte sich tief zu ihm nieder und sagte: »Steh auf, Bursche, sonst ist's aus mit dir! Los, zum Stab ... zum Verhör! ... Mach schon! Mir soll's gleich sein – ich leg' dich auch ohne Verhör um.«

Petjka erhob sich. Um ihn ein buntes Durcheinander, Gelärm, Pferdewiehern. Schwankend folgte er seinem Bewacher, der eine graue Lammfellmütze trug. Die Striemen an seinem Halse brannten; das blutverschmierte Gesicht, der Leib flammte vor Schmerz, als sei er ohne Erbarmen ununterbrochen verprügelt worden.

Petjka blickte um sich. Überall, so weit er mit seinem einen Auge sehen konnte – in den Straßen, den krummen, schmalen Gäßchen, auf dem Platz – Menschen, Pferde, Tatschanken. Der Stab hatte sich im Hause des Popen einquartiert. Aus den weitgeöffneten Fenstern drangen Gitarrenklänge, Klappern von Geschirr. Eifrig hantierte die Popin in der Küche, um die teuren Gäste mit einem Mahl willkommen zu heißen.

Petjkas Bewacher ließ sich auf der Haustürtreppe nieder und brummte:

»Bleib hier stehn, drinnen sind sie beschäftigt.«

Petjka lehnte sich an das knarrende Geländer, sein Mund war zugepappt, die Kehle ausgetrocknet. Mit schwerer Zunge sagte er:

»Was zu trinken!«

»Im Stab wirst du schon zu trinken kriegen!«

Eine bändergeschmückte, dreireihige Ziehharmonika in der Hand, trat ein pockennarbiger Matrose aus der Tür. Seinen blauen Kaftan hielt eine rote Baumwollschärpe zusammen, deren Quaste bis zu den Knien reichte. Die Bezeichnung ›Schwarzmeerflotte‹ auf dem Band seiner schirmlosen Mütze war ausgeblichen. Seine grünlichen Augen sahen gleichmütig von oben auf Petjka nieder, die Lippen verzogen sich zu einem Lächeln, und lässig begann er zu singen:

Was wird aus dir,
wenn Machno kommt?
Drum freie nicht,
Jungkommunist . . .

Die Stimme des Matrosen, der betrunken war, hatte einen angenehmen Klang. Mit geschlossenen Augen wiederholte er:

Was wird aus dir,
wenn Machno kommt? . . .

Petjkas Bewacher zog noch einmal an einer Zigarette, warf sie weg und sagte:

»He, einäugiges Aas, rein mit dir!«

Petjka stolperte die Treppe hinauf und trat ins Haus. An der Wand des Vorraums hing eine schwarze Fahne, auf der, von Falten unterbrochen, in weißen Buchstaben ›Stab der 2. Gruppe‹ und etwas darüber ›Es lebe die freie Ukraine!‹ zu lesen stand.

Im Schlafzimmer des Popen klappert eine Schreibmaschine. Durch die offene Tür sind Stimmen zu hören. Petjka muß im halbdunklen Vorzimmer lange warten. Dumpfer, quälender Schmerz lähmt seinen Willen, den Verstand. Er muß daran denken, daß Machnos Leute wahrscheinlich seine Kameraden und die Mitarbeiter der Zelle niedergemacht haben. Und auch ihm zwinkert der Tod aus dem muffigen, nach Weihrauch riechenden Popenschlafzimmer zu. Seine Seele erstarrt jedoch nicht in Angst, sein Atem geht gleichmäßig, nur ein Zucken läuft über die blutverkrusteten Wangen unter den geschlossenen Lidern.

Eine Karaffe in der Hand, huscht die Popin an Petjka vorbei, ihre Augen schimmern wie Mandelblüten. Sporenklirrend, seinen weißen Schnurrbart zwirbelnd, folgt ihr ein Machnowetz.

»Das ist sechs Jahre alter Bärenfang, hab' ihn für besondere Gelegenheiten aufgehoben ... Ach, wenn Sie wüßten, wie schrecklich es ist, mit diesen Barbaren leben zu müssen ... Nichts wie Drangsalierungen ... Die Zelle hat sogar das Klavier beschlagnahmt. Stellen Sie sich doch bloß mal vor: man nimmt Ihnen Ihr eigenes Klavier weg ...«

Ihre lüstern umherschweifenden Augen fielen auf Petjka. Sie verzog, als sie ihn erkannte, verächtlich das Gesicht und flüsterte dem Machnowetz zu:

»Der Vorsitzende der Komsomolzelle ... Ein fanatischer Kommunist! Sie sollten ihn irgendwie ...«

Die letzten Worte gingen im Rauschen ihrer Röcke unter, so daß sie Petjka nicht verstand. Nach einer Weile wurde er ins Zimmer gerufen. Eine silberhelle Lammfellmütze auf dem Kopf, sitzt der Weißbärtige hinter dem Tisch.

»Du bist Komsomoletz?«

»Ja.«

»Hast du auf uns geschossen?«

»Ja.«

Der Machnowetz kaut nachdenklich an seinem Schnurrbart und fragt, über Petjka hinwegblickend:

»Kannst du es uns verdenken, wenn wir dich an die Wand stellen?«

»Alle könnt ihr nicht an die Wand stellen.«

Der Weißbärtige drehte sich brüsk auf dem Stuhl um und rief:

»Dolbyschow, schnapp dir den Burschen hier und schick ihn mit dem zweiten Zug auf einen Spaziergang!«

Petjka wurde hinausgeführt. Der Posten fesselte ihm die Arme mit einem Riemen, zog den Knoten fest und fragte:

»Tut's weh?«

»Ah, geh zum ...«

Mit den gefesselten Armen schlenkernd, schritt Petjka zur Tür.

Der Posten zog sie hinter sich zu und nahm das Gewehr von der Schulter.

»Moment, da kommt eben der Zugführer!«

Petjka blieb stehen. Sein Kinn juckte fürchterlich, doch konnte er sich wegen der gefesselten Arme nicht kratzen. Der kleine Zugführer kam herangehinkt. Seine langschäftigen Stiefel stanken nach Tran.

»Soll der zu mir?«

»Ja, und zwar sofort, so ist's befohlen.«

Der Zugführer betrachtete Petjka mit schläfrigen Augen und knurrte:

»Komische Käuze ... Placken sich mit den Kerlen rum, piesakken sie und schaffen sich dabei bloß selber Ärger ...«

Er runzelte die Brauen und begann, noch einen Blick auf Petjka werfend, zu fluchen und schrie:

»Marsch, zur Scheune, du Idiot! Wird's bald! Lauf, sag' ich, und stell dich mit der Schnauze zur Wand!«

In diesem Augenblick trat der Weißbärtige aus der Tür, beugte sich über das geschnitzte Geländer und rief:

»Herhören, Zugführer! Der Bursche wird vorerst nicht erschossen, soll noch mal zu mir reinkommen!«

Petjka stieg die Treppe hinauf, blieb stehen und hielt sich am Türpfosten fest. Der Weißbart trat nahe an ihn heran und sagte, indem er ihm in den schmalen Spalt des geschwollenen, blutverkrusteten Auges sah:

»Du bist 'n handfester Geselle ... Ich begnadige dich und schreib dich in Bajko Machnos Truppe ein ... Topp?«

»Gut«, erwiderte Petjka und schloß die Lider.

»Und gelobst du, nicht durchzubrennen?«

»Wenn ihr mich anständig behandelt – warum sollte ich dann weglaufen ...«

Der Weißbart lachte, zog die Nase kraus.

»Selbst wenn du's versuchen solltest – gelingen wird's dir nicht ... Ich stell' dich unter Aufsicht.«

Er wandte sich dem Posten zu und fuhr fort:

»Dolbyschow, steck den Burschen in eure Hundertschaft und verpaß ihm 'ne Ausrüstung. Laß ihn auf deiner Tatschanka mitfahren und gib auf ihn acht ... Ein Gewehr kriegt er vorläufig noch nicht!«

Er klopfte Petjka auf die Schulter und ging mit wiegenden Schritten ins Haus zurück.

Um die Mittagsstunde des anderen Tages verließen die Machno-Leute die Stanitza. Petjka hockte neben dem langbärtigen Dolbyschow auf dem Bock der Tatschanka und hing seinen trüben Gedanken nach.

Regen hatte den Straßendreck aufgeweicht und den Weg holprig gemacht. Die Tatschanka schwankt von einer Seite auf die andere, Telegrafenmasten ziehen vorbei, der Weg scheint endlos zu sein und windet sich wie eine Schlange.

In den Dörfern und Siedlungen Gelärm, finstere Bauernblicke, Weibergekreisch ...

Die zweite Gruppe trennte sich vom Gros, das nach links abschwenkte, und zog in Richtung Millerowo. Gegen Abend holte Dolbyschow einen zerquetschten Laib Brot unter dem Bock hervor und zerschnitt mit dem Säbel eine Melone. Kauend sagte er zu Petjka:

»Friß Bürschchen, jetzt bist du einer von uns!«

Heißhungrig verschlang Petjka eine Scheibe der reifen Melone und einen Brocken Brot, der nach Pferdeschweiß roch. Dolbyschow säbelte noch ein Stück Brot ab und schob es Petjka hin.

»Trotzdem – ich trau dir nicht über'n Weg. Das heißt, wahrscheinlich wirst du dich über kurz oder lang aus dem Staube machen. Umlegen sollte man dich, 's wäre sicherer!«

»Och, Onkel, so ist das nicht. Warum sollte ich auskratzen? Vielleicht kämpft ihr für die Gerechtigkeit ...«

»Klar, für was denn sonst! Hast du was andres gedacht?«

Petjka rückte seine Augenbinde zurecht und erwiderte: »Warum aber, wenn ihr für die Gerechtigkeit kämpft, drangsaliert ihr das Volk?«

»Drangsalieren? Wieso?«

»Das fragst du noch! Mit allem! Hast du nicht in dem Dorf, durch das wir eben gekommen sind, einem Bauern das letzte bißchen Gerste fortgenommen, bloß, damit deine Gäule was zu fressen haben? Seine Kinder aber – die können hungern!«

Dolbyschow drehte sich eine Zigarette und brannte sie an.

»Batjko Machno hat's so befohlen«, sagte er.

»Und wenn er befohlen hätte, alle Bauern aufzuhängen?«

Dolbyschow blies paffend eine Wolke Machorkarauch in die Luft und sagte nichts mehr.

Am Abend, im Biwak, rief der Hundertschaftsführer, der pockennarbige Matrose Kirjucha, Petjka zu sich und sagte, mit der Pistole herumfuchtelnd:

»Der Teufel soll deine Mutter holen, wenn du noch mal zu politisieren anfängst ... Ich laß die Wagendeichsel aufstellen, du Hundesohn, und dich dran aufhängen! Kapiert?«

»Kapiert«, antwortete Petjka.

»Nu, scher dich weg, einäugiges Aas, und denk dran: das nächstemal schlag' ich dir auch noch das andre Auge aus und laß dich aufknüpfen!«

Petjka war es klargeworden, daß er sich mehr in acht nehmen mußte. Zwei Tage lang bemühte er sich, die Scharte auszuwetzen, fragte Dolbyschow über Batjko Machno aus, erkundigte sich, wo überall sie schon gewesen waren. Dolbyschow aber hüllte sich in eisiges Schweigen, blickte Petjka argwöhnisch von der Seite an und murmelte nur ein paar Worte durch die Zähne. Allmählich jedoch tauten ihn die Dienstbeflissenheit und die Achtung, die ihm Petjka entgegenbrachte – er war nicht irgendwer, denn er stammte aus Guljai-Pole, wo er und Machno in engster Nachbarschaft gewohnt hatten – etwas auf, und er wurde wieder umgänglicher. Nach einigen Tagen händigte er Petjka einen Karabiner und achtzig Patronen aus.

An diesem Abend schlug die Hundertschaft ihr Nachtlager in der Nähe des Dorfes Koschary auf. Als Dolbyschow die Pferde ausschirrte, gab er Petjka einen Holzeimer und sagte:

»Da drüben bei den Weidenbäumen ist ein Teich. Reite hin und hol Wasser, wir wollen uns Grütze kochen.«

Petjka schwang sich auf ein Pferd und ritt, sein Frohlocken im Herzen verbergend, im Trab davon.

›Wenn ich am Teich bin – heißa! – den Hügel hinauf und fort!‹ blitzte es ihm durch die Gedanken.

Er umritt die schmale, halbverfallene Böschung, ließ den Holzeimer fallen und jagte die Anhöhe hinauf. Im Lager krachte ein Schuß, die Kugel, wie zur Warnung, pfiff über seinen Kopf hinweg. Mit trüb gewordenem Auge maß er die Entfernung bis zum Biwak und schätzte sie auf gut eine halbe Werst.

›Wenn ich den Berg weiter hinaufreite‹, überlegte er, ›erwischt mich eine Kugel . . .‹ Resigniert wendete er und ritt zurück.

Dolbyschow hängte einen Kessel mit Kartoffeln über das Feuer, streifte Petjka mit einem Blick und sagte:

»Wenn dir einfallen sollte, Dummheiten zu machen, knall ich dich ab! Damit du Bescheid weißt . . .«

Lautes Stimmengelärm weckte Petjka bei Tagesanbruch. Er stieß die Pferdedecke, unter der er lag, zurück. Vielstimmiges, in Wellen an- und abschwellendes Schreien und Rufen hallten durch den blauenden Herbstmorgen.

»Was ist los, Onkel?«

Dolbyschow stand hochaufgerichtet auf dem Wagenbock, schwenkte seine zottige Pelzmütze und schrie:

»Es lebe Batjko Machno! – Urr-rra-ah!«

Petjka erhob sich und sah eine mit vier Rappen bespannte Tatschanka die Straße entlangrollen. Die Rappen schaumbedeckt. Berittene gaben der Tatschanka das Geleit. Unter Machnos Achseln – er war bei Tschernyschewskaja verwundet worden – klemmten Krücken. Sein Mund war verzerrt. Ob vom Schmerz der Verwundung oder ob es ein Lächeln sein sollte – wer hätte das sagen können?

Die Tatschanka flog vorbei. Auf ihrer Rückfront hing ein Teppich fast bis zur Erde nieder. Unter den Hinterrädern wirbelte der Staub auf und blieb über der Straße stehen. Der Stimmenlärm verebbte allmählich.

Drei Tage später näherte sich die 2. Gruppe der Eisenbahnlinie. Zu Gefechten war es unterwegs nicht gekommen. Die wenigen Abteilungen der Roten zogen sich an den Don zurück. Petjka hatte inzwischen alle Leute der Hundertschaft kennengelernt. Mehr als sechzig der hundertfünfzig Mann waren Überläufer aus der Roten Armee, die übrigen bunt zusammengewürfeltes Volk.

Eines Abends hatten sich alle um das Lagerfeuer versammelt und tanzten zu den Klängen einer Handharmonika einen Trepak. Die leicht gefrorene Erde dröhnte unter dem Gestampf der Füße.

Dolbyschow tanzte im Kreise, klatschte mit den Handflächen gegen die staubigen Stiefelschäfte und schnaufte wie ein überanstrengter Gaul. Danach ließen sich alle auf den ausgebreiteten Mänteln und Pelzen um das Feuer nieder. Der MG-Schütze Manshulo sagte, während er sich mit einem glühenden Zweig eine Zigarette anzündete:

»'s gehn allerlei Parolen um. Unter anderm wird erzählt, Batjko Machno will uns über Schachty an die rumänische Grenze führen und dann allein nach Rumänien abhaun ...«

»Verleumdungen!« knurrte Dolbyschow.

Manshulo wurde wütend, beschimpfte Dolbyschow unflätig, zeigte mit dem Finger auf ihn und schrie:

»Dummes Luder du! Bildest du dir etwa ein, du Trottel, daß er dich in seiner Tatschanka mitnimmt?«

»Der läßt nie und nimmer seine Truppe im Stich!« rief Dolbyschow aufgebracht.

»Du Holzkopp! Du Bankert Dunjkas der Dreckigen! Meinst du, der rumänische Kaiser läßt zwanzigtausend Mann in sein Land rein?!«

Manshulo war kreidebleich vor Zorn. Die anderen pflichten ihm bei, und viele Stimmen wurden laut.

»Richtig ...«

»Hast den Nagel auf den Kopf getroffen, Manshulo ...«

»Uns braucht er nur so lange, wie wir für ihn und sein Liebchen, das er mit sich rumschleppt, den Kopf hinhalten ...«

»Hoho! Haha! Gib ihm Saures, Bruder ...«

Dolbyschow sprang auf und rannte zur Tatschanka des Sotniks. Pfiffe und Gejohle gellten hinter ihm her, irgendeiner schleuderte ihm ein brennendes Scheit nach.

»Geht uns anscheißen ... Na schön ... Soll sich bloß vorsehn, daß er nicht eins in 'n Hinterkopf kriegt, wenn's wieder knallt ...«

Petjka wurde gewahr, daß sich der Sotnik Kirjucha eilig dem Feuer näherte, und zog sich in den Hintergrund zurück.

»Was ist los, Jungens? Hat einer Sehnsucht nach 'm Strick ... Wer hat Lust, am nächsten Telegrafenmast zu baumeln? Los, macht schon das Maul auf!«

Manshulo erhob sich, trat dicht an den Sotnik heran und sagte, heftig atmend:

»Überspann den Bogen nicht, Kirjucha ... Jeder Knüppel hat zwei Enden ... Halt lieber deine Schnauze ...«

»Ab – zum Stab mit dir! Vorwärts!«

Kirjucha packte den MG-Schützen am Ärmel, doch ringsum erhob sich Murren, alle sprangen auf die Beine, und im Nu stand eine Wand zottiger Pelzmützen hinter dem Sotnik.

»Rühr ihn nicht an!«

»Wir reißen dir die Seele aus dem Wanst!«

»Wir begraben dich mitsamt Stab unter deiner Tatschanka ...«

Kirjucha wurde hin und her gestoßen. Jemand gab ihm eine klatschende Maulschelle. Sein blauer Kaftan zerriß am Kragen. Gewehrschlösser klapperten. Der Sotnik versuchte sich zu befreien und schrie ächzend:

»Alarm! ... Verr ...«

Manshulo hielt ihm mit der Hand den Mund zu und raunte ihm ins Ohr:

»Wenn du nicht 'ne Kugel in den Rücken haben willst – verdufte und halt die Schnauze ...«

Er stieß die Rotte der drängelnden Kumpane zur Seite, führte den Sotnik zur nächsten Tatschanka und kehrte ans Feuer zurück.

Wieder erscholl dröhnendes Gelächter, die Handharmonika heulte los, die Stiefel der Tänzer stampften die Erde. Bei einer Tatschanka wurde Dolbyschow zu Boden geworfen, geknebelt und mit Gewehrkolben und Fußtritten traktiert.

Tags darauf erschien ein Melder des Gruppenstabes und übergab dem Sotnik ein schmutziges Blatt Papier, auf dem nur ein paar mit

Tintenstift hingekritzelte Worte standen: ›Befehl an die Hundertschaft: Den Sowchos* besetzen.‹

Der Sowchos war von einem Hügel aus einzusehen. Hinter der weißgekalkten Mauer rote Backsteinbauten, der Schlot einer Ziegelei.

Die Hundertschaft ließ die Tatschanken auf der Straße stehen und rückte in Kettenformation gegen den Sowchos vor.

Kirjucha, das Gesicht mit einem Weiberschal vermummt, ritt voran und blickte alle nasenlang auf die dünne Menschenkette zurück, die stumm hinter ihm her trottete. Seine schwarze Stute stolperte.

Petjka war der siebente Mann auf dem linken Flügel. Ihm war, als müsse an diesem Tage etwas ungeheuer Wichtiges geschehen. Die Erwartung entfachte in ihm eine immer größer werdende Freude.

Als sich die Schützenkette dem Sowchos auf Schußweite genähert hatte, sprang Kirjucha aus dem Sattel und brüllte: »Hinlegen!«

Ausschwärmend, warfen sie sich bei einer Schlucht nieder und gaben eine Salve auf die weiße Steinmauer ab. Ungenau erwiderte ein Maschinengewehr von einem der Dächer des Sowchos mit heiserem Gebell das Feuer. Die Kugeln fuhren hinter den Angreifern in die Erde. Staubwölkchen stiegen auf. Hinter der Steinmauer wurde es lebendig.

Dreimal setzte die Hundertschaft zum Angriff an, und dreimal mußte sie sich zurückziehen. Als Petjka nach dem dritten Angriff zurücklief, sah er Dolbyschow mit dem Gesicht nach unten neben einem Murmeltierbau liegen. Er bückte sich und entdeckte unterhalb des Pelzmützenrandes einen Einschuß in dessen Stirn. Petjka zweifelte keinen Augenblick, daß er von den eigenen Leuten umge-

* Staatsgut

bracht worden war. Der Schuß, der ein klein wenig über dem Auge saß, mußte aus unmittelbarer Nähe abgefeuert worden sein.

Beim vierten Angriff riß Kirjucha, mit bleiernen Augen um sich blickend, seinen kaukasischen Krummsäbel aus der Scheide und krächzte:

»Vorwärts, Jungens ... Mir nach!«

Keiner aber rührte sich von der Stelle. Dumpfes Murren wurde laut. Manshulo zerrte den Verschluß aus seinem Gewehr und schrie:

»Zum Hinschlachten? Wir machen nicht mehr mit ...«

Petjka, dem klebriger Schweiß ausbrach und der seine Hände kalt werden fühlte, rief bellend:

»Brüder! Wozu Blutvergießen? Was rennt ihr in den Tod! Wofür Menschen morden, die Arbeiter sind wie ihr selbst!«

Stille.

Petjka spürte, daß der Gewehrriemen vom Schweiß seiner Hände feucht wurde.

»Brüder! Werft die Waffen weg! Jeder von euch hat eine Familie ... Habt ihr kein Erbarmen mit euren Frauen und Kindern? Habt ihr noch nie daran gedacht, was aus ihnen werden soll, wenn ihr umkommt?«

Kirjucha riß die Pistole aus dem Futteral. Petjka jedoch war schneller und feuerte, ohne zu zielen, sein Gewehr auf den blauen, offenstehenden Kaftan ab. Kirjucha drehte sich wie ein Kreisel um sich selbst und sank zur Erde, beide Hände auf die Brust pressend.

Petjka wurde umzingelt, ein Kolbenschlag traf ihn im Genick, so daß er in die Knie brach. Manshulo breitete schützend die Arme über ihn und brüllte:

»Halt! Schlagt ihn nicht tot ... Er soll erst zu Ende reden ... Nachher ist immer noch Zeit, ihn kaltzumachen!«

Er richtete Petjka auf und schüttelte ihn.

»Rede!«

Vor Petjkas Auge drehten sich Himmel und Erde. Alle Kraft zusammenraffend, sagte er:

»Macht ein Ende! ... Schluß!«

Einer der weiter hinten Stehenden rief:

»Lauter! Man hört nichts!«

Petjka wischte das von der Schläfe rinnende Blut mit dem Ärmel ab und fuhr mit erhobener Stimme fort:

»Überlegt's euch genau! Machno wird euch bis an die rumänische Grenze führen und sich selbst dort in Sicherheit bringen. Jetzt aber braucht er euch noch ... Wer sein Knecht sein will, mag bei ihm bleiben, den Rest wird die Rote Armee vernichten ... Wenn wir uns aber jetzt ergeben, wird uns nichts geschehen ...«

In der Schlucht, in die sie sich zurückgezogen hatten, war es feucht und still. Alle atmeten so schwer, als hätten sie nicht genug Luft.

Der Wind treibt niedrige Wolken über die Erde, Stille ... Stille.

Manshulo rieb sich die Stirn und fragte leise:

»Nu, wie ist's, Jungens?«

Mit hängenden Köpfen stehen sie da. Ein Stück seitab liegt der Sotnik Kirjucha, der sein Hemd über der Brust zerfetzt hat, zuckt ein letztesmal mit den Beinen, streckt sich, ein leichtes Zittern geht durch seinen Leib, dann liegt er still.

»Wer sich ergeben will – rechts raus! Die andern – nach links!« rief Petjka.

Manshulo machte eine verzweifelte Handbewegung und trat nach rechts. Viele schlossen sich hastig an. Acht Mann etwa rührten sich nicht, traten unschlüssig von einem Bein aufs andere. Schließlich schlugen sie sich zu den übrigen.

Nach einer Weile setzte sich der Haufen, dicht aneinandergedrängt, in Richtung des Sowchos in Bewegung. Petjka und Manshulo übernahmen die Führung. Statt einer weißen Fahne ließ Petjka ein zerfetztes Hemd an einem verrosteten Bajonett flattern.

Die Verteidiger des Sowchos waren aus dem großen Tor herausgekommen, hielten die Gewehre in Anschlag und sahen dem Haufen mißtrauisch entgegen. In dreihundert Schritt Entfernung machte die Hundertschaft halt. Petjka und Manshulo gingen waffenlos allein weiter. Zwei Mann aus dem Sowchos kamen ihnen entgegen. Auf halbem Wege trafen sie aufeinander und begannen zu unterhandeln. Ein bärtiger Sowchosmann umarmte Petjka. Manshulo strich seinen Schnurrbart zur Seite und tauschte mit dem andern den Bruderkuß.

Auf beiden Seiten Beifallsgemurmel. Die Hundertschaft wirft lärmend ihre Waffen auf einen Haufen. Einzeln, zu zweit und in kleinen Trupps ziehen sie durch das offene Tor des Sowchos.

Die Kreisverwaltung schickte einen Bevollmächtigten der Tscheka in den Sowchos, um Petjka zu vernehmen. Er schrieb dessen Aussagen in ein Büchlein und fuhr wieder weg.

Ein Teil der Machno-Leute wurde in ein Rotes Kavallerieregiment gesteckt, das sich Machno an die Fersen heftete; der Rest kam zum Wehrkreis. Petjka blieb im Sowchos.

Nach all den Geschehnissen tat es ihm wohl, still auf dem Bett zu liegen und auszuruhen. Der schneidende Schmerz in der leeren Augenhöhle klang ab, und das Gefühl, mit einer Schlinge um den Hals über die Erde geschleift zu werden, verlor sich allmählich ... Petjka mag nicht mehr an seine Erlebnisse in der jüngsten Zeit denken und versucht sie zu vergessen.

Wenn er jedoch an dem gesprungenen Spiegel im Klub vorüberkommt und sein erdfahles, entstelltes Gesicht erblickt, verzieht ihm Bitterkeit den Mund, und das Atmen wird ihm schwer.

An einem Dienstagabend tritt der Sekretär der Zelle ins Zimmer, setzt sich zu ihm aufs Bett, hüstelt und zieht seine langen Beine an.

»Heute ist eine Versammlung im Klub – in einer Stunde. Komm doch auch hin!«

»Gut, ich komme.«

Der Sekretär blieb noch ein Weilchen sitzen, dann entfernte er sich. Eine Stunde später ist Petjka im Klub und hört sich die Vorträge an, die der Vorsitzende, der Agronom, der Leiter der Ziegelei und der Veterinär halten. In geordneten Zahlen zieht das Leben an ihm vorüber.

Das Protokoll. Die Beschlüsse. Wünsche. Anschließend bittet der Sekretär ums Wort.

»Genossen! In unserer Mitte lebt der Komsomoletz Pjotr Kremnjow. Wie ihr alle wißt, ist es allein ihm zu danken, daß unser Sowchos nicht zerstört worden ist. Die Zelle schlägt deshalb vor, ihn bis zur Gesundung in den Kreis zu entsenden und ihn für den frei gewordenen Posten in unserer Ziegelei vorzumerken. – Wir wollen darüber abstimmen. Wer ist dafür?«

Einstimmigkeit. Keine Stimmenthaltungen.

Petjka erhebt sich. Eine Träne fällt aus der leeren Augenhöhle auf seine Wange. Er blickt, die Lider halb geschlossen, in die Runde und entgegnet mit schwerer Zunge:

»Ich danke euch, aber – ich kann nicht hierbleiben ... Ich wäre glücklich, wenn ich mit euch zusammen arbeiten könnte, aber – aber es ist nun einmal so: euer Leben läuft hier wie am Schnürchen, während zu Hause – in der Stanitza, aus der ich stamme, alles im argen liegt ... Mit Mühe hatten wir Ordnung geschafft, eine Zelle gegründet, und jetzt ist vielleicht niemand mehr am Leben ... Die Machno-Leute haben wahrscheinlich alle umgebracht ... Ich möchte zurück – möchte dorthin, wo der größte Mangel an Arbeitskräften besteht ...«

Kein Widerspruch. Alle sind schweigend einverstanden. Stille im Raum.

Beinahe alle Angehörigen des Sowchos gaben Petjka das Geleit. Als er Abschied genommen und den Hügel erreicht hatte, war es fast Abend geworden. Über den Weg und die stumme Reihe der Telegrafenmasten senkte sich Dunkelheit ...

Die Hetmanstraße zieht sich am Don entlang. Friedlich schreitet Petjka auf ihr dahin.

Laut hallen die Schritte in der tiefen Dunkelheit und der leeren Stille der Nacht. Rauhreif knirscht unter den Füßen, die dünne Eisschicht in den Pferdehufspuren zerbricht klirrend, das Wasser in den kleinen Mulden schwappt über den Rand.

Über einem Wachhügel an der Straße steigt langsam der tiefrote

Mond empor. Schräge, undeutliche Schatten schwimmen über der Steppe. Das Band der Straße glänzt silberhell, das Eis schimmert bläulich.

Gierig zieht Petjka mit offenem Munde die frische Luft in die Lungen. Dem welkenden Wermut am Wegrand entströmt ein herber Duft, der dem Geruch bitteren Schweißes ähnelt.

Festen Schritts wandert Petjka auf der endlos scheinenden Straße durch die Nacht, und vom dunkelblauen Himmel blinkt ihm ein fünfzackiger Stern mit blaßgrünem Licht entgegen.

Nachwort

Michail Alexandrowitsch Scholochow, der dritte russische Nobelpreisträger nach Iwan Bunin und Boris Pasternak, wurde im Jahre 1905 auf dem Vorwerk Krushilino der im Donezgebiet gelegenen Stanitza Wjoschenskaja geboren. Über sein Leben berichtet er selbst in dem Vorwort eines seiner ersten Bücher:

»Mein Vater, ein Rasnotschinez*, stammte aus dem Gouvernement Rjasan. Er hat bis zu seinem Tode (1925) verschiedentlich den Beruf gewechselt. So war er unter anderem Viehhändler, baute im Dongebiet auf käuflich erworbenem Grund und Boden Getreide an, betätigte sich als Verkäufer in einem Handelsunternehmen für das Vorwerk, verwaltete eine Dampfmühle.

Meine Mutter ist halb Kosakin, halb Bäuerin. Schreiben lernte sie erst, als mich der Vater auf ein Gymnasium schickte, um nicht bei den Briefen an mich auf seine Hilfe angewiesen zu sein. Vor 1912 hatte sie als Kosakenwitwe, wie auch ich als Kosakensohn, eigenen Grundbesitz. Im Jahre 1912 aber wurde ich von meinem Vater adoptiert – er war bis dahin nicht mit meiner Mutter getraut gewesen – und ich war von nun an ›Sohn eines Kleinbürgers‹.

Ich besuchte verschiedene Gymnasien und hielt mich während des Bürgerkrieges am Don auf.

1920 trat ich in die Armee ein. Lange Zeit war ich Fourier und kam im ganzen Dongebiet herum. Wir machten Jagd auf Banden, die bis 1922 das Gebiet beherrschten, und *sie* jagten uns. Alles ging, wie es gehen mußte. Mehrfach steckte ich in der Patsche, aber das ist heute längst vergessen.

Im Jahre 1923 fing ich an zu schreiben. Die Arbeiten wurden in Komsomolzeitungen und -zeitschriften veröffentlicht. Mein erstes Buch gab ich 1925 heraus.«

* Einer jener Intellektuellen, die, aus verschiedenen Ständen kommend, in der zweiten Hälfte des vorigen Jahrhunderts im politischen Kampf gegen den Zarismus eine Rolle spielten.

Der Dichter ging 1922 nach Moskau. Hier verdiente er sich den Lebensunterhalt als Maurer, Arbeiter und Schauermann. Nach dreijährigem Aufenthalt kehrte er nach Wjoschenskaja zurück, und seither lebt und arbeitet er dort.

Michail Scholochows großer, vierbändiger Roman ›Der Stille Don‹, dessen erstes Buch 1928 in Rußland erschien und 1929 in deutscher Übersetzung vorlag (Malik Verlag, Berlin), machte den Dichter mit einem Schlage weit über die Grenzen seines Vaterlan-es hinaus bekannt und berühmt.

Nach Gorki ist Scholochow unstreitig der volkstümlichste Schriftsteller seines Landes. Seine Popularität begründeten nicht zuletzt die eindrucksvollen, meisterhaften Schilderungen der Kämpfe und Auseinandersetzungen zwischen den Weißen und Roten, die sich während des Bürgerkrieges auch in seiner Heimat am Don abspielten. Scholochow beschränkt sich in seinen Dichtungen meist auf das, was er erlebt hat und was er am besten kennt: die Kosaken, ihr Leben, die Steppe, das Geschehen in seiner Heimat. Er versteht es, dem Leser eine plastische Vorstellung von den turbulenten Ereignissen in der Zeit der großen sozialen und politischen Umschichtung zu vermitteln. Seine ›Helden‹ sind Menschen von Fleisch und Blut, sind echte russische Menschen. Er macht uns mit ihren Gedanken und Hoffnungen vertraut, mit ihren Sorgen, Nöten und Freuden; er zeigt ihre Schwächen und ihre Fehler; er schildert ihre Güte und ihre Grausamkeit. Er flicht die kleinen Dinge des Alltags in das große Geschehen ein, verknüpft das Bedeutungsvolle mit dem Lächerlichen und fügt die Menschen und die Natur zu einer Einheit zusammen. Zuweilen blitzt in seinen Geschichten unverhofft ein Funke Humor auf, und oft finden sich in ihnen lyrische Einschiebsel von eindringlicher Schlichtheit. Ein Beispiel möge hier für viele stehen:

»Gras überwuchert die Grabhügel, mit den Jahren wächst auch der Schmerz zu. Der Wind hat die Spuren der Dahingegangenen verweht, die Zeit heilt den blutenden Schmerz und die Erinnerung derer, die vergeblich auf ihre Verwandten warten und sie nie wiedersehen, denn das menschliche Leben ist kurz, und uns allen ist nicht bestimmt, viel Gras niederzutreten.«

Der in Petersburg geborene und seit vielen Jahren in den USA lebende Professor der Literatur Gleb Struve bezeichnet in seiner ›Geschichte der Sowjetliteratur‹ (Goldmanns GELBE Taschenbücher, Band 1395–97) den Roman ›Der Stille Don‹ als »ein Werk von großer Breite, das ein wahrheitsgetreues und objektives Bild des Sturms der Revolution gibt...«, und sagt weiter: »Seine (Scholochows) Darstellung der damaligen Zeit ist im allgemeinen objektiv und ausgewogen. Er macht weder alle Roten zu Helden noch zeigt er die Weißen als ausgemachte Schurken.«

Das Urteil Professor Struves über den ›Stillen Don‹ gilt gleichermaßen, unabhängig von Meinungen und Ideologien, auch für die in diesem Bande vereinigten Geschichten, deren Entstehungszeit etwa zwischen 1923 und 1925 liegt. Mit diesen Erzählungen wuchs der Dichter zweifellos in seine späteren Romane hinein. Unverkennbar aber erweist er sich schon in dem Frühwerk als großartiger, einfühlsamer und genauer Beobachter und Schilderer von Menschen und Geschehnissen.

In den ‹Geschichten vom Don‹, deren dichterischer und dokumentarischer Wert dem der anderen Werke Scholochows gleichgesetzt werden kann, steht bereits das vielgestaltige, farbkräftige Gemälde aus der vielleicht bedeutungsvollsten Epoche russischer Geschichte lebensvoll vor uns.

WALTER RICHTER-RUHLAND

Goldmann GELBE

Die Reise zur Babuschka. Moderne Erzähler Europas. Herausgegeben von Joachim A. Frank und W. A. Oerley. Band 1804.

Das Thema der 17 Erzählungen ist der Mensch und sein Schicksal vor dem Hintergrund des Krieges. So wird jede dieser Geschichten von Heinrich Böll, Gerd Gaiser, Paul Schallück, Robert Wells, Franz Tumler u.a. zu einem Dokument der Menschlichkeit, einer Mahnung gegen den Wahnwitz des Krieges.

Moderne russische Erzähler. Band 1562.

Die neue russische Literatur, die nach der ›Tauwetterperiode‹ 1956 einen neuen Aufschwung nahm, stellt die alte russische Fabulierkunst erneut unter Beweis. Davon geben diese Erzählungen von Grigroij Baklanow, Nikolai Jewdokimow, Jewgenij Jewtuschenko, Julian Semjonow und anderen namhaften Vertretern ausgezeichnet Zeugnis.

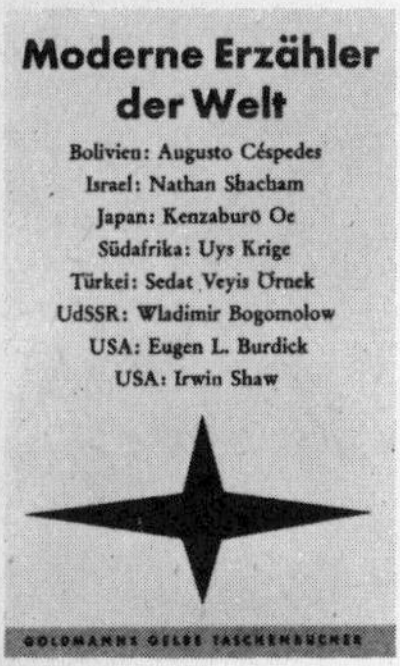

Moderne Erzähler der Welt. Herausgegeben von Joachim A. Frank u. W. A. Oerley. Band 1907.

Sieben Länder sind mit ihren zeitgenössischen Autoren vertreten – so zum Beispiel Israel mit Nathan Shacham, Bolivien mit Augusto Céspedes, UdSSR mit Wladimir Bogomolow, USA mit Irwin Shaw. Das verbindende Thema ist der Mensch im Krieg, eine Anklage gegen die Sinnlosigkeit der modernen technisierten Massenvernichtung.

WILHELM GOLDMANN VERLAG MÜNCHEN

Goldmann GELBE

HEINZ G. KONSALIK

Heinz G. Konsalik (geboren 1921 in Köln) studierte Theater- und Zeitungswissenschaft. Er wurde nach dem Krieg stellvertretender Chefredakteur in Köln, dann Dramaturg eines Theaterverlags und lebt heute am Rhein, im Siebengebirge. Er ist einer der meistgelesenen Autoren Deutschlands. In vierzehn Ländern kennt man seine Werke, deren Weltauflage in die Millionen geht.

Manöver im Herbst. Das Leben des guten Deutschen Heinrich Emanuel Schütze. Roman. Eine Absage an Mord und Zerstörung, die im Namen des Vaterlandes begangen werden. Band 2550.

Die schweigenden Kanäle. Roman einer geheimnisvollen Entführung. Venedig, die Stadt alter Paläste und romantischer Kanäle, ist hier der Schauplatz eines skrupellosen Verbrechens. Band 2579.

Ein Mensch wie du. Der Weg eines begnadeten Sängers. Roman. Das Thema dieses spannenden Buches ist die dramatische Karriere eines großen Künstlers mit triumphalem Aufstieg und tragischen Niederlagen. Band 2688.

Schicksal aus zweiter Hand. Roman. In dieser Geschichte der Entführung eines Kindes sind Menschen geschildert, die typisch sind für das von Unruhe und Elend erfüllte 20. Jahrhundert. Band 2714.

Das Lied der schwarzen Berge. Roman um Liebe und Rivalität in der unberührten Bergwelt Montenegros. Band 2889. DM 5.–

WILHELM GOLDMANN VERLAG MÜNCHEN

Goldmann GELBE

Mark Twain: Von Adam bis Vanderbilt. Band 958.

In diesen dreizehn Geschichten aus Amerika sind alle Nuancen von Mark Twains Erzählkunst und alle Schattierungen seines Humors zu erkennen. Der Leser lernt ihn sowohl als freundlichen Spötter als auch als bissigen Satiriker kennen.

Mark Twain: Die Million-Pfundnote. Humoristische Skizzen. Band 898.

Die 27 trocken witzigen Geschichten gehören zu den besten ihrer Art. Mit erfrischendem Humor erzählt Mark Twain von seinen Erfahrungen mit Amerikanern, Bildhauern, Malern, Uhrmachern, Barbieren, deutschen Hotelportiers, Zeitungsredakteuren, Ärzten und vielem anderen mehr.

Mark Twain: Leben auf dem Mississippi; Im Gold- und Silberland. Band 968.

Zwei autobiographische Skizzen, die ein anschauliches Bild vom Leben in dem noch unerschlossenen Mittelwesten der Vereinigten Staaten geben. Die erste berichtet von seiner Tätigkeit als Flußlotse, die zweite schildert den Gold- und Silberrausch, der um die Mitte des vorigen Jahrhunderts einsetzte.

WILHELM GOLDMANN VERLAG MÜNCHEN

Goldmann GELBE

Mit dem Herzen einer Wölfin. Von Ruth Freeman-Solomon. Das Schicksal der schönsten Frau Rußlands (2946)

Der ungekrönte ›König der Ukraine‹ und seine schöne Frau Ronja geraten in die Vorwehen der russischen Oktoberrevolution. Wie eine Wölfin kämpft Ronja, um mit ihrer Familie nach Amerika fliehen zu können. Liebe, Haß, Leidenschaft und Lebenslust durchdrängen jede Seite dieses außergewöhnlichen Romans.

Der Mann in der Mondsichel. Von Juliana von Stockhausen. Roman eines deutschen Arztes und der Geisha Sonoogi (2896)

Die Lebensgeschichte eines Mannes, der im Auftrag der holländischen Regierung das abenteuerliche Japan bereist. Sein unersättlicher Forscherdrang bringt den Arzt in Konflikt mit den starren Traditionen des Landes und wird ihm und seiner geliebten Frau, der Geisha Sonoogi, schließlich zum Verhängnis.

Gesang zur Regenzeit. Von David Rubin. Roman aus dem modernen Indien (2935)

Nach elfjährigem Englandaufenthalt kehrt die junge Anglo-Inderin Kay in das weltoffene Haus ihrer indischen Großeltern zurück. Die hier verkehrenden Europäer, Amerikaner und emanzipierten Inder spiegeln durch ihr Verhalten die vielschichtigen Probleme des Landes wider. Indien wird für den Leser sichtbar – in all seiner Widersprüchlichkeit und Größe.

WILHELM GOLDMANN VERLAG MÜNCHEN

Goldmann GELBE

OSKAR MARIA GRAF

Ausgewählte Werke

Oskar Maria Graf (1894–1967) war Mitarbeiter des »Simplicissimus«, in dem er seine ersten Bauerngeschichten veröffentlichte. Seine Bücher handeln meist im bayerischen Dorfmilieu, das er in realistischer Sprache, ohne jede Schönfärberei, wiedergibt. In seinen Spätwerken weitet sich das Thema zur Darstellung des bäuerlichen Menschen schlechthin.

Das bayrische Dekameron. 31 Geschichten, Schwänke und Schnurren, lustig und derb, urwüchsig-vital und bajuwarisch-erotisch, sind in diesem fidelen Buch vereint. (776)

Bayrischer Bauernspiegel. Mit diesem Buch will der Autor ein vollständiges Bild des Bauernlebens – nicht nur des bayrischen – in seiner ganzen Vielfältigkeit geben. (1488)

Bayrische Dorfgeschichten. Mit seiner unermüdlichen Lust am Fabulieren entwirft der Autor in diesem Buch ein mächtiges Panorama der bäuerlichen Welt. (1489)

Die Ehe des Herrn Bolwieser. Roman aus Niederbayern. (1942)

Größtenteils schimpflich. Von Halbstarken und Leuten, welche dieselben nicht leiden können. Der Autor schildert hier erfrischend-ehrlich seine und seiner Freunde Jugendlumpereien. (1975)

WILHELM GOLDMANN VERLAG MÜNCHEN

Verehrter Leser,
senden Sie bitte diese Karte ausgefüllt an den Verlag. Sie erhalten kostenlos unsere Verlagsverzeichnisse zugestellt.

WILHELM GOLDMANN VERLAG · 8 MÜNCHEN 80

Bitte hier abschneiden

Diese Karte entnahm ich dem Buch ____________________

____

Kritik + Anregungen ____________________

____

____

____

____

____

____

____

____

Ich wünsche die kostenlose und unverbindliche Zusendung des Verlagskataloges und laufende Unterrichtung über die Neuerscheinungen des Wilhelm Goldmann Verlages.

Name ____________________

Beruf ____________________ Ort ____________________

Straße ____________________

Ich empfehle, den Katalog auch an die nachstehende Adresse zu senden:

Name ____________________

Beruf ____________________ Ort ____________________

Straße ____________________

Goldmann Taschenbücher sind mit über 4000 Titeln die größte deutsche Taschenbuchreihe. Jeden Monat etwa 25 Neuerscheinungen. Gesamtauflage über 138 Millionen.

Aus dem WILHELM GOLDMANN VERLAG
8 München 80, Postfach 80 07 09 bestelle ich
durch die Buchhandlung

Anzahl	Titel bzw. Band-Nr.	Preis

Datum: Unterschrift:

4807 · 7049 · 3.000

Bitte mit Postkarten-Porto frankieren.

Wilhelm Goldmann Verlag

8000 MÜNCHEN 80

Postfach 80 07 09